LES DOSSIERS HACHETTE

L'ANTIQUITÉ
CYCLE III

Jean-Michel Lambin
Agrégé d'histoire

hachette
ÉDUCATION

Je remercie particulièrement **Aliette de Buffières**, professeur des écoles, qui a collaboré à cet ouvrage en écrivant les chapitres *À la manière de…*

Responsable éditoriale : Stéphanie-Paule SAÏSSE

Éditeur assistant : Marie LUCAS

Avec la collaboration de : Deborah NAVARRO

Création de la maquette de couverture : Laurent CARRÉ

Exécution de la maquette de couverture : TYPO-VIRGULE

Création de la maquette intérieure : Laurent CARRÉ

Mise en pages : TYPO-VIRGULE

Illustration de la couverture : Alain BOYER

Illustrations : Nathalie DESVERCHÈRE (p. 20, p. 22 et p. 43, ainsi que toutes les réalisations des fonds marbres, des fonds matières et des cadres des pages « Héritage »)
Gilles POING (p. 6, p. 7, p. 8, p. 25 et p. 45)

Cartographie : DOMINO (Nathalie GUÉVENEUX)

Recherche iconographique : Deborah NAVARRO

Fabrication : Isabelle SIMON-BOURG

ISBN : 978-2-01-117338-6

AVANT-PROPOS

LES DOSSIERS HACHETTE répondent, pour chaque grande période historique, à un double objectif :
– faire reposer l'apprentissage de l'histoire sur l'étude de documents et leur analyse critique ;
– faire revivre les traces du passé dans la France d'aujourd'hui.

Les Dossiers Hachette s'appuient sur un contenu scientifique adapté aux élèves, et ce, dans une perspective dynamique.

Chaque dossier est divisé en chapitres de six pages. Chaque fois que cela était possible, nous avons privilégié une entrée par une grande figure historique (Jules César, Vercingétorix) ou bien par un peuple dont nous sommes les héritiers (les Celtes ou Gaulois, les Romains...). Cette approche favorise l'appropriation du contenu historique d'une époque à travers l'étude de grands personnages et de grandes civilisations.
Chaque chapitre propose des documents variés : sources iconographiques, sources écrites, contemporaines ou décalées dans le temps, documents reconstitués (axes chronologiques), cartes historiques permettant de maîtriser la construction spatiale du territoire national, informations complémentaires faisant le lien entre présent et passé. L'ensemble de ces documents aide les élèves à progresser vers le résumé de la leçon, le « Carnet de route », enrichi des définitions indispensables.

Le Dossier de L'ANTIQUITÉ est découpé en huit chapitres qui se composent chacun :
– d'une double page présentant le personnage ou le thème (Vercingétorix, les invasions barbares...) à l'aide de documents, de repères dans l'espace et le temps (cartes et frises chronologiques) ;
– d'une double page *Sur les traces de l'histoire* approfondissant le thème en s'appuyant sur les documents et les découvertes archéologiques ;
– d'une double page *L'héritage de l'histoire* permettant de comprendre, à l'aide de quelques exemples simples, que le passé est toujours présent autour de nous, qu'il nous parle et que nous en sommes tributaires, en particulier dans la construction de notre nation. La double page s'achève par une leçon récapitulative : le « Carnet de route ».

Tous les trois chapitres, une double page *À la manière de...* permet de :
– découvrir et vivre des situations de l'époque (dessiner, écrire...) ;
– pratiquer des activités interdisciplinaires (fabriquer, jouer...).

À la fin de l'ouvrage figurent une frise chronologique et un lexique.

Jean-Michel Lambin

SOMMAIRE

L'ANTI

QUITÉ

COMMENT L'ÉCRITURE

L'écriture est apparue il y a plus de 5 000 ans.
L'alphabet a été inventé par les Phéniciens. Les Grecs y ont ajouté les voyelles et nous ont transmis cette invention.

- **– 3200** Invention de l'écriture dans la vallée de l'Euphrate
- **Vers – 3000** Apparition de l'écriture égyptienne : les hiéroglyphes
- **Vers – 1100** Alphabet phénicien
- **Vers – 800** Alphabet grec
- **– 600** Fondation d'une colonie grecque à Marseille (France)

– 3000 – 2000 – 1000 J.-C.

ANTIQUITÉ

Début de l'Histoire avec le début de l'écriture

Doc. 1 Où l'écriture est-elle apparue ?

1. Observe l'axe chronologique. Dans quel continent l'écriture est-elle apparue pour la première fois ? En Asie

2. Comment s'appelle cette écriture ? Elle s'appelle l'Écriture des Sumériens.

EST-ELLE APPARUE ?

Doc. 2 Une des premières écritures : l'écriture sumérienne (tablette de comptes à écriture pictographique, Mésopotamie, fin du IVe millénaire avant J.-C.).
Cette écriture utilise des idéogrammes (dessins qui représentent des idées ou des choses).

3. Que signifient les trois idéogrammes fléchés sur le document ? le pain, l'unité, manger.

4. Comment écrit-on « trois pains » en écriture sumérienne ?

Doc. 3 Des hiéroglyphes, vers 2000 avant J.-C. (hiéroglyphes dédiés au dieu de la Fertilité, Karnak).
Les Égyptiens ont inventé les hiéroglyphes vers 3000 avant J.-C. « Hiéroglyphe » veut dire « écriture sacrée » en grec.

5. À ton avis, quelles lettres de notre alphabet viennent du signe « eau » en hiéroglyphe ? les lettres M et N.

	L'âne	Le bœuf	Le poisson

Signes cunéiformes			

Doc. 4 L'écriture cunéiforme (signes cunéiformes sur une tablette d'argile, Mésopotamie, vers 2350 avant J.-C.).
L'écriture cunéiforme utilise des signes en forme de coins.
« Cunéiforme » vient du mot latin « cuneus » qui veut dire « clou ».

6. Recherche dans quels endroits (villes, pays) ont été retrouvées des tablettes écrites en cunéiforme.

SUR LES TRACES DES PREMIERS

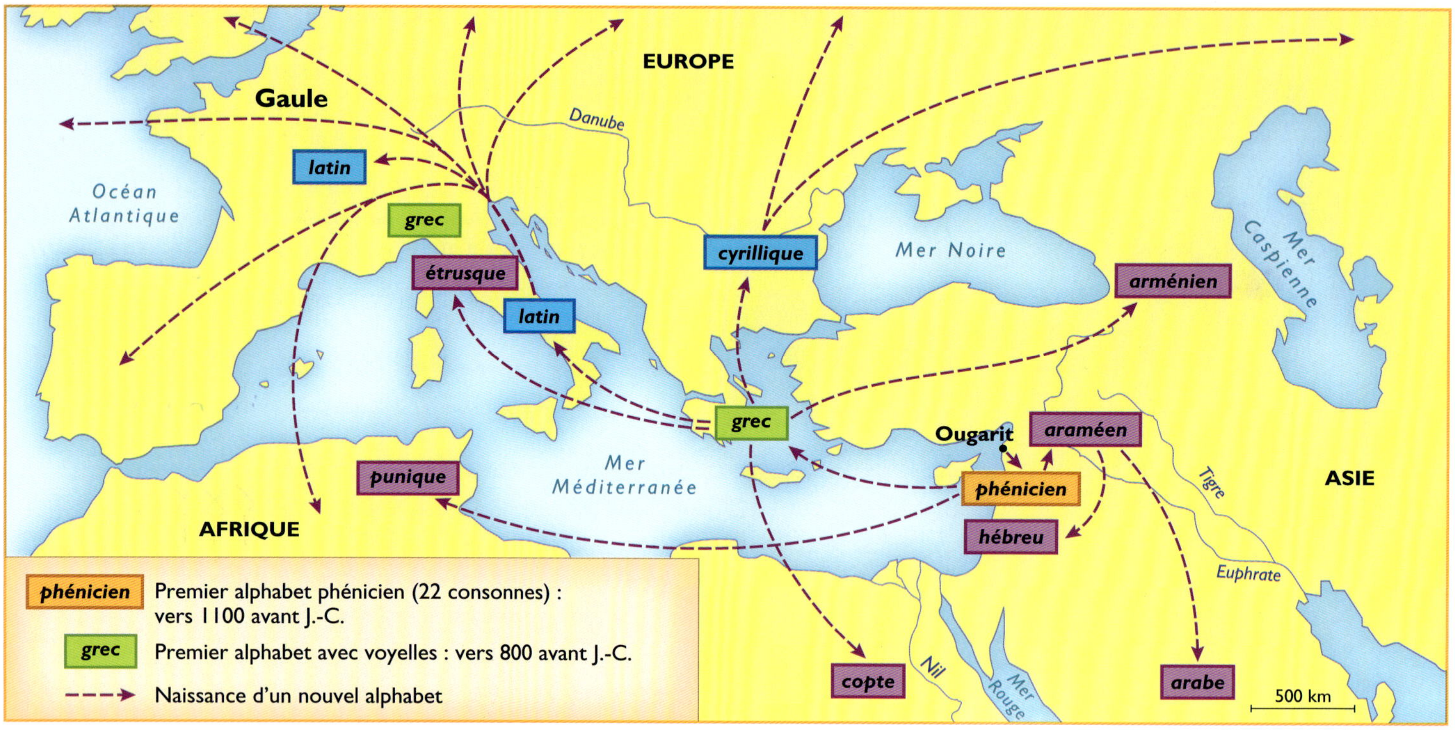

Doc. 1 Les premiers alphabets.

1. Observe la légende de la carte. Quel alphabet est le plus ancien : le phénicien ou le grec ? le grec

2. Donne les noms de trois alphabets nés de l'alphabet grec.

Phénicien	𐤀	𐤁	𐤂	𐤃	𐤄	𐤅	𐤆	𐤇	𐤈	𐤉	𐤊	𐤋	𐤌	𐤍	𐤎	𐤏	𐤐	𐤑	𐤒	𐤓	𐤔	𐤕				
Grec	Α	Β	Γ	Δ	Ε		Ζ	Η	Θ	Ι	Κ	Λ	Μ	Ν	Ξ	Ο	Π			Ρ	Σ	Τ	Υ	Φ	Χ	Ψ
Latin	A	B	G	D	E		Z	H		I	K	L	M	N	X	O	P			R	S	T	U	F	Q	

Doc. 2 Alphabets phénicien, grec, latin.

3. Écris le mot « page » en phénicien (aide-toi du Doc. 2). 7 ≮ 1 7

DES GRECS QUITTENT LEUR VILLE, PHOCÉE

Les Grecs de Phocée sont menacés par les Perses qui font le siège de la ville.

Les Phocéens, indignés à l'idée d'être esclaves, mettent à la mer leurs navires à cinquante rames. Ils embarquent leurs femmes, leurs enfants et tous leurs biens avec les statues de leurs dieux et toutes les autres offrandes, et les Perses prennent la ville de Phocée déserte. Les Phocéens jetèrent dans la mer une masse de fer rougie au feu et jurèrent de ne point retourner à Phocée avant que ce fer ne fût remonté à la surface.

Doc. 3 D'après Hérodote, historien grec (Ve siècle avant J.-C.), *L'Enquête*, livre I.

4. Observe le Doc. 4. Où se trouve la ville de Phocée ? En grèce

5. Pourquoi les Grecs de Phocée partent-ils (Doc. 3) ? Perses font le siège de la ville.

ALPHABETS EN GAULE

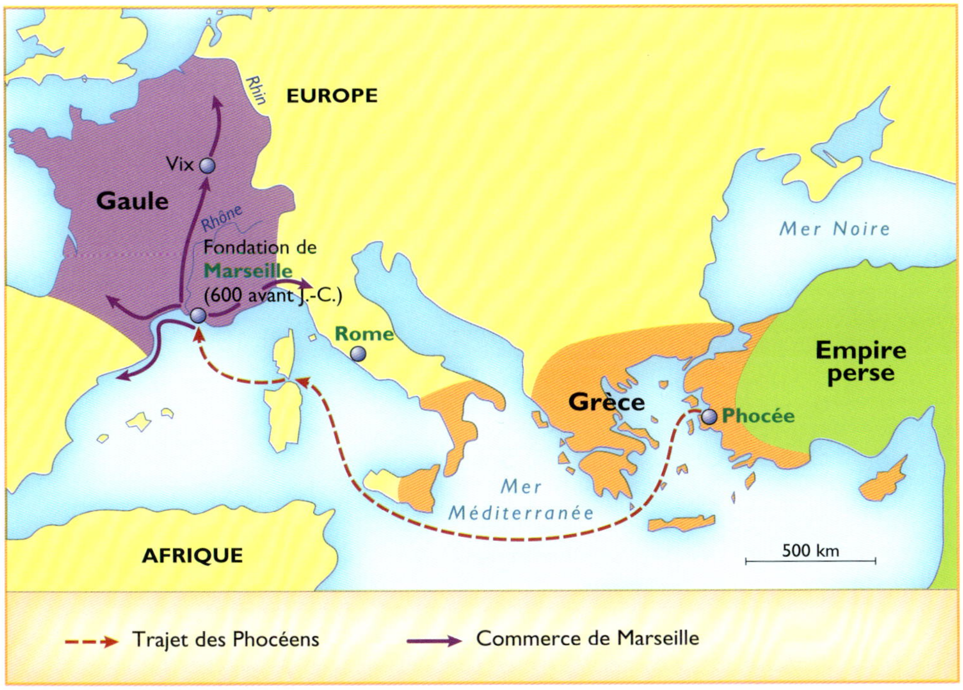

Doc. 4 De Phocée à Marseille.

6. Dans quelle partie de la Gaule Marseille est-elle fondée ?

7. Quel fleuve les commerçants de Marseille remontent-ils ? Le Rhône

8. À ton avis, qu'ont apporté les Grecs avec eux ?

9. En quelle langue est écrite l'inscription sur cette pièce de monnaie ?
En grec.

Doc. 5 L'écriture grecque en Gaule.

LA FONDATION DE MARSEILLE EN 600 AVANT J.-C.

Les Grecs de Phocée arrivent en Gaule, là où se jette le Rhône. Leurs chefs sont Simos et Protis. Le roi du pays préparait le mariage de sa fille Gyptis. Il devait donner, selon la coutume, sa fille en mariage à celui qu'elle choisirait dans un festin. Tous les prétendants ainsi que les hôtes grecs sont conviés à ce festin. Sans regarder les autres convives, Gyptis choisit Protis. Celui-ci, devenu gendre du roi, reçoit de son beau-père la terre où il voulait bâtir une ville. Marseille fut ainsi élevée, près de l'embouchure du Rhône.

D'après Justin, historien romain du IIe ou IIIe siècle après J.-C., *Histoires philippiques*.

Doc. 6

10. Qui sont les chefs des Grecs ? Simos et Protis.

11. Pourquoi peuvent-ils fonder Marseille ?

Doc. 7 Le « vieux port » de Marseille aujourd'hui : le port grec.

12. Quels sont les avantages du port de Marseille ?

Des traces grecques sur notre sol : le cratère de Vix

Un cratère est un grand vase grec servant à mélanger le vin et l'eau. Celui-ci a été trouvé à Vix, en 1953. Il vient de Grèce et a certainement été amené par des commerçants de Marseille.

Des villes fondées par les Grecs de Marseille

Les Grecs n'ont pas seulement fondé Massalia. Ils ont aussi bâti d'autres villes dans le Sud de la Gaule (Nice, Antibes, Agde…).

Des villes fouillées par les archéologues

Au nord de la petite chaîne des Alpilles, Glanum est une ville qui dépend de Marseille. Les habitants y frappent des pièces de monnaie et y rendent un culte à des divinités locales. Les archéologues y ont retrouvé beaucoup d'inscriptions en grec.

La ville antique de Glanum (près de Saint-Rémy-de-Provence, Bouches-du-Rhône).

EN GAULE

Tu parles grec sans le savoir : des mots d'origine grecque

Tu utilises en français beaucoup de mots d'origine grecque :

- *histoire* de *historiai* (enquêtes)
- *cosmos* de *kosmos* (bon ordre, ordre de l'univers, monde, univers)
- *géographie* de *geographia* (description de la Terre)
- *biologie* de *bio* (vie) et *logos* (discours, parole)
- *archéologie* de *archéo* (qui concerne les temps anciens) et *logos* (discours, parole)
- et aussi : *cosmonaute*, *télévision*, *biologie*, *orthographe*, *cinématographe*…

Lexique

Alphabet : signes qui permettent de représenter tous les sons d'une langue. Le mot *alphabet* vient des deux premières lettres de l'alphabet grec : *alpha* (A) et *bêta* (B).

Hiéroglyphe : nom donné par les Grecs à l'écriture des Égyptiens. Il signifie « écriture sacrée ».

Mésopotamie : région située en Asie. Son nom est originaire du grec et signifie « pays entre les deux fleuves » (Euphrate et Tigre). Aujourd'hui, cette région constitue la plus grande partie de l'Irak.

CARNET DE ROUTE

L'apparition de l'écriture

L'Histoire commence avec l'invention de l'écriture. **Des signes dessinés ou gravés** permettent de conserver la trace des biens que possèdent les rois. Ces signes forment une écriture. **La première écriture est inventée vers 3200 avant J.-C., à Sumer, en Mésopotamie**.

D'autres types d'écritures sont ensuite apparues en Asie, en Afrique et en Amérique. L'écriture des Égyptiens, appelée **hiéroglyphes**, a été créée vers l'an 3000 avant J.-C.

L'alphabet

Vers 1100 avant J.-C., en Phénicie, est inventée l'écriture alphabétique. Elle comprend 22 signes. Ils servent uniquement à noter les consonnes.

Vers 800 avant J.-C., les Grecs créent leur propre alphabet et inventent les voyelles. Cette invention est un énorme progrès : on peut laisser une trace précise de la pensée des hommes. Si l'écriture est née plusieurs fois dans le monde, l'alphabet, puis les voyelles, n'ont été inventés qu'une fois dans l'Histoire.

Les Grecs en Gaule

En 600 avant J.-C., des Grecs, chassés de Phocée par les Perses, fondent la ville de **Massalia (Marseille)** dans le Sud de la Gaule. Ils apportent avec eux toutes leurs connaissances et en particulier l'écriture.

Aujourd'hui, nous utilisons l'alphabet latin, qui vient de l'alphabet grec. Notre écriture est donc un héritage des Grecs et des Romains.

COMMENT LES CELTES SONT-

Vers l'an 450 avant J.-C.,
un peuple venu d'Europe centrale vient s'installer en Gaule.
Ce sont les Celtes, que les Romains appellent « Gaulois ».
Ils ont donné son premier nom à notre pays : la Gaule.

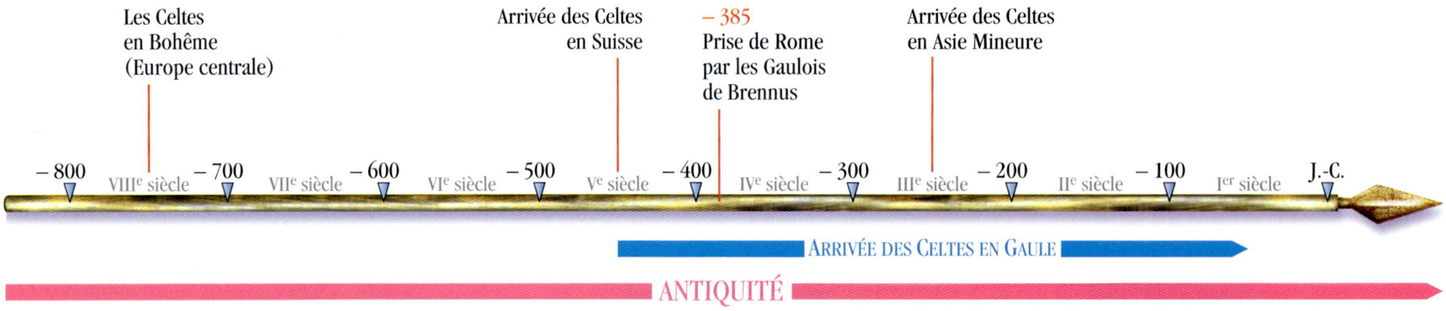

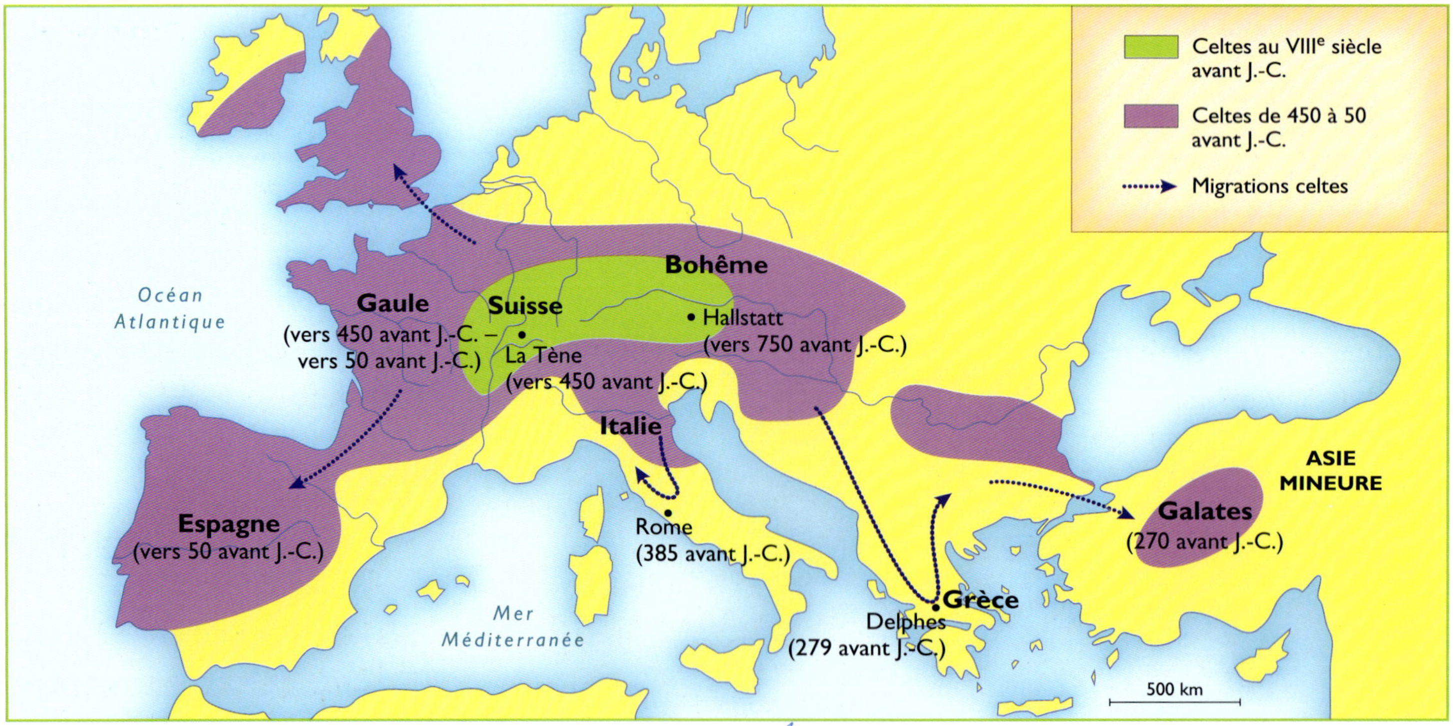

Doc. 1 L'expansion celte.

1. Où vivent les Celtes avant 450 avant J.-C. ? En ~~Espa~~ Espagne, en Gaule, en Italie, e[n] Galates, à Bohême.

2. Quand les Celtes sont-ils arrivés en Gaule ? vers 450 avant J-C - vers 50 avant J-

3. Cite trois autres pays dans lesquels les Celtes se sont installés.

LES CELTES VUS PAR DEUX HISTORIENS ROMAINS

Les Celtes sont appelés « Gaulois » par les Romains.

Les Gaulois se laissent pousser les cheveux. Ils s'habillent de pantalons bouffants et de blouses à manches fendues. La laine dont ils se servent pour les tisser est rude. Leur armement comprend une longue épée, un bouclier allongé, de longues piques et une arme de jet.

D'après Strabon, géographe grec, *Géographie*, Ier siècle avant J.-C.

Les Gaulois, avides de pillage, pénétrèrent dans Rome que nul ne défendait. Ils trouvèrent les maisons des patriciens[1] ouvertes. La vue de ces vieillards majestueux et immobiles comme des statues les impressionna. Un Gaulois voulut toucher la barbe de l'un d'eux. Pris de colère, le patricien le frappa de son bâton d'ivoire. Ce geste déclencha un carnage. Tous les vieillards furent massacrés, toutes les maisons pillées et incendiées.

D'après Tite-Live, historien romain (59 avant J.-C.–17 après J.-C.), *Histoire de Rome*.

1. Riches et nobles Romains.

Doc. 2

4. D'après l'axe chronologique et la carte (Doc. 1), quand les Celtes (ou Gaulois) ont-ils pris Rome (Doc. 2) ?

5. Lis le premier texte (Doc. 2). D'après Strabon, comment est équipé un guerrier gaulois ?

6. Lis le second texte (Doc. 2). Quels mots montrent que les Gaulois sont un peuple violent pour Tite-Live ?

Doc. 3 Une divinité celte (masque en bronze, Montsière, IIe siècle avant J.-C.).

7. En quelle matière est fabriqué ce masque ? En bronze.

8. Que t'apprend-il sur les Celtes ?

Doc. 4 Cavaliers gaulois (chaudron de Gundestrup, Danemark, vers 100 avant J.-C.).

9. Observe le casque du premier cavalier. Quel animal y est représenté ?

Doc. 1 **Les fouilles archéologiques** (site de Neuvic, Dordogne, France, 2003).

1. Décris le travail des archéologues.

2. Cherche dans ton livre des objets trouvés par des archéologues.

LE RÉCIT D'UN HISTORIEN ANTIQUE

Les druides s'occupent de tout ce qui concerne la religion. Ils président aux sacrifices. Les jeunes gens viennent en foule s'instruire auprès d'eux. Chaque année, ils se réunissent dans le pays des Carnutes qui est au centre de la Gaule. Ils enseignent que l'âme ne meurt pas mais qu'après la mort, elle passe d'un corps dans un autre.

Les chevaliers prennent tous part à la guerre. Chacun, selon sa naissance et sa fortune, a autour de soi un plus ou moins grand nombre d'esclaves et de clients[1].

D'après Jules César, *La Guerre des Gaules*, 51 avant J.-C.

1. Personnes qui dépendent de quelqu'un d'important et qui doivent lui venir en aide.

Doc. 2

3. Quel est le rôle des druides chez les Gaulois ?

4. À quoi voit-on que les chevaliers sont des personnages importants ?

LE RÉCIT D'UN GÉOGRAPHE ANTIQUE

Leur nourriture est abondante : elle comporte du lait et des viandes variées, surtout du porc, frais et salé.
Les Gaulois construisent de grandes maisons en planches et les recouvrent d'un épais toit de chaume.

D'après Strabon, *Géographie*, Ier siècle avant J.-C.

Doc. 3

5. Que mangent les Gaulois ?

6. Avec quoi construisent-ils leurs maisons ?

DES CELTES

LE PORTIQUE DE ROQUEPERTUSE
PRÈS DE MARSEILLE
(IIe SIÈCLE AVANT J.-C.)

Ils suspendent au cou de leurs chevaux les têtes de leurs ennemis. Quand ils reviennent de la bataille, ils clouent ces têtes devant leurs portes.

D'après Strabon, *Géographie*, Ier siècle avant J.-C.

Doc. 4

Doc. 5 Épée et casque gaulois (armes en bronze, Alésia, Ier siècle avant J.-C.).

8. Décris l'équipement du guerrier gaulois.

7. À qui appartenaient les crânes déposés dans les trous du portique (Doc. 4) ?

Doc. 6 Le Galate mourant (statue de marbre, Rome).
Cette statue est l'œuvre d'un sculpteur romain qui a copié un sculpteur grec. Les Grecs ont été envahis par les Galates – ou Gaulois – au IIIe siècle avant J.-C.

9. Où vivent les Galates ? Aide-toi de la carte (Doc. 1 page 12).

10. Quel bijou porte le personnage autour du cou ?

D'où viennent les mots Gaulois et Celte ?

• Le mot *Celte* vient du mot grec *Keltoï*. On trouve ce mot dans les textes de l'historien grec Hérodote (Ve siècle avant J.-C.). Il désigne un peuple vivant dans une zone située au nord-est de la Méditerranée et qui comprend la France actuelle.

• Le mot *Gaulois* vient de *Galates*, nom donné par les Grecs au peuple qui pilla un de leurs sanctuaires, Delphes (en Grèce), en 279 avant J.-C.

• Jules César et les Romains appellent *Galli* les peuples qui vivent entre la Seine et la Garonne. Jules César écrit ceci à leur propos : « Peuple qui, dans sa langue, se nomme Celtes » (d'après *La Guerre des Gaules*, livre I, 1).

Un oppidum gaulois

Les Gaulois construisaient leurs villes sur des collines dont le sommet était plat afin de se protéger plus efficacement. Les Romains appelaient ces villes « oppida ».

Vue aérienne de l'oppidum d'Entremont.
Chaque petit carré ou rectangle correspond à une pièce d'une maison.

Bas-relief gallo-romain montrant une scène de transport en bateau, Cabrières, IIe siècle après J.-C.

Des techniques gauloises

Les Gaulois ont inventé le tonneau. Ils ont aussi inventé le pantalon, appelé « braies » (du latin *braccae*).

L'orfèvrerie (le travail de l'or)

Les Gaulois savaient très bien travailler le métal, en particulier l'or.

Torque celte en or, IIIe ou Ier siècle avant J.-C., France.

Casque d'Amfreville (Eure), Ier siècle avant J.-C.

Lexique

Archéologue : savant qui cherche des traces du passé dans le sol (outils, ustensiles, bijoux, traces de villes et de villages…).

Assiéger : entourer une ville avec une armée jusqu'à ce que ses habitants se rendent.

Celte : mot d'origine grecque, synonyme de « Gaulois ».

Druide : nom donné chez les Gaulois aux prêtres, aux chefs religieux.

CARNET DE ROUTE

L'arrivée des Celtes en Gaule

Vers 750 avant J.-C., les **Celtes** sont installés en Europe centrale (en Bohême et en Autriche). Venant de l'Est, **ils pénètrent progressivement en Gaule à partir de 450 avant J.-C.**

Par la suite, ils passent également en Espagne et dans les Îles Britanniques. Ils s'avancent même **jusqu'en Grèce** (où ils pillent Delphes) et, au-delà, en Asie Mineure. Les Gaulois installés en Asie Mineure vont d'ailleurs donner leur nom à une région : la Galatie.

Les Celtes sont des guerriers redoutables. En 390 avant J.-C., des Gaulois, commandés par Brennus, **assiègent** et prennent Rome. Les Romains sont terrifiés par ces géants blonds qui combattent nus et qui accrochent les têtes de leurs ennemis au cou de leurs chevaux. Ils semblent ne pas craindre la mort. Les Romains doivent payer à Brennus une grosse somme d'argent pour que les Gaulois quittent la ville.

Comment connaissons-nous les Celtes ?

Les Gaulois n'ont pas laissé de trace écrite. Ils sont connus par ce qu'en ont dit les historiens grecs et surtout romains. Par leurs récits, nous savons que la société gauloise était dirigée par des **druides** et des chefs guerriers que les Romains appelaient « chevaliers ».

Par ailleurs, grâce aux découvertes des **archéologues**, nous connaissons de mieux en mieux leur mode de vie.

COMMENT VIVAIENT

Il y a 2 500 ans, notre pays était couvert de forêts. Les Gaulois ont défriché une partie du pays afin de construire leurs villages et leurs villes. Ces dernières sont entourées de murs de pierre et de bois pour faciliter leur défense.

- – 600 : Fondation de Marseille (Massalia)
- Arrivée des Celtes en Gaule
- – 500
- – 400
- – 300
- – 200
- – 121 : Le Sud de la Gaule est conquis par les Romains (Gaule narbonnaise)
- – 100
- – 58 : Début de la conquête du reste de la Gaule par les Romains
- J.-C.

ANTIQUITÉ

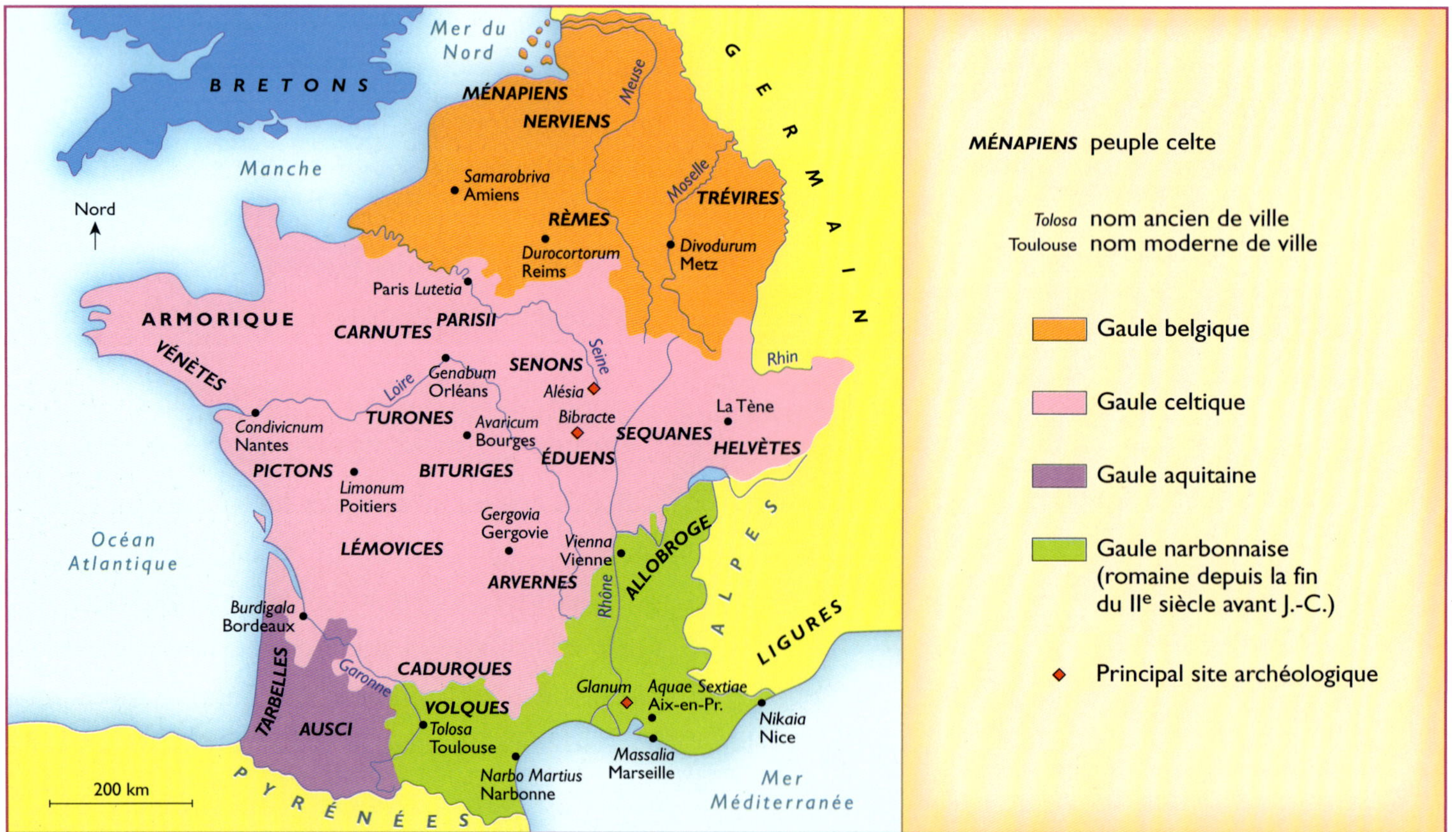

Doc. 1 La Gaule en 58 avant J.-C.

1. ***Combien de parties la Gaule comprend-elle ?*** 4 parties
2. ***Dans quelle partie de la Gaule vis-tu ?*** Gaule narbonaise.
3. ***Où les Romains sont-ils déjà présents en 58 avant J.-C. ?***

LES GAULOIS ?

Doc. 2 Une maison gauloise (reconstitution de huttes gauloises, IIe-Ier siècles avant J.-C., Bourgogne).
Elle est construite en torchis (mélange de paille et d'argile). Son toit est en chaume.

4. Quels matériaux sont utilisés pour la construction des murs et du toit ?

5. Observe la carte (Doc. 1). Dans quelle partie de la Gaule se trouve Bibracte ?

6. À ton avis, qu'est-ce qui rend cette muraille très solide (Doc. 3) ?

Doc. 3 Reconstitution d'une muraille gauloise à Bibracte (IIe-Ier siècles avant J.-C.).

Cernunnos est le dieu de la Nature et du Renouveau. Il porte des bois de cerf sur la tête (chaudron de Gundestrup montrant le dieu Cernunnos, Danemark, vers 100 avant J.-C.).

Doc. 1 **Deux dieux gaulois.** Les Gaulois adorent un grand nombre de dieux. Ils sont polythéistes.

Epona (du celte « epos » qui signifie « cheval ») est la déesse protectrice des chevaux et des cavaliers (forum d'Alise-Sainte-Reine, France, IIe siècle avant J.-C.).

1. Que tient le dieu-cerf dans sa main gauche ?

2. De qui la déesse Epona est-elle la protectrice ?

3. Décris le bouclier gaulois.

4. Quelle autre pièce d'équipement protège le guerrier gaulois ?

Doc. 2 **Guerriers gaulois.**

LE COMMERCE DU VIN EN GAULE

Cicéron est un avocat romain. Lors d'un procès, il décrit quelles taxes les commerçants en vin doivent payer.
À Toulouse, à titre de droit de péage, il faut payer quatre deniers par amphore[1] de vin. Sur la route de Narbonne, il faut payer trois deniers et demi, puis deux deniers et demi.

D'après Cicéron, *Pour Fonteius*, 76-74 avant J.-C.

1. Vase qui peut contenir environ vingt-cinq litres de vin. Elle se vend à peu près cinq deniers.

Doc. 3

5. À quoi vois-tu que le commerce du vin est un commerce important ?

Doc. 4 Le labourage de la terre (mosaïque romaine de Saint-Romain-en-Gal, IIIe siècle après J.-C.).
La terre est travaillée à l'aide d'un araire (l'ancêtre de la charrue). Le personnage situé à gauche sème les grains dans le sillon tracé par l'araire.

6. Quels animaux tirent l'araire ?

7. Comment le paysan les fait-il avancer ?

JULES CÉSAR DÉCRIT LA GAULE

La Gaule est divisée en trois parties. L'une est habitée par les Belges, l'autre par les Aquitains, la troisième par le peuple qui dans sa langue se nomme Celtes et dans la nôtre Gaulois. Tous ces peuples diffèrent entre eux par le langage, les coutumes, les lois. Les plus braves de ces trois peuples sont les Belges parce qu'ils sont les plus éloignés de la Province romaine et des raffinements de sa civilisation et parce qu'ils sont les plus proches des Germains qui habitent sur l'autre rive du Rhin et avec qui ils sont constamment en guerre.

D'après Jules César, *La Guerre des Gaules*, livre I, 1, 51 avant J.-C.

Doc. 5

8. En quoi les peuples gaulois sont-ils différents ?

Le pain

La cuisson du pain au Ier siècle avant J.-C…

Mosaïque romaine de Saint-Romain-en-Gal, IIIe siècle après J.-C.

…et aujourd'hui.

Un boulanger aujourd'hui.

Les noms des fleuves et des rivières de France

La plupart des noms des fleuves (Rhône, Rhin, Seine, Loire, Garonne) et des rivières de France sont d'origine gauloise. Ces noms nous ont ensuite été transmis en latin par les Romains.

Selon la légende, la déesse Séquana se transforma en rivière pour échapper à Neptune qui voulait l'enlever. La Seine était née.

Statuette en bronze de la déesse Séquana (trésors de la source de la Seine, IIIe-IIe siècles avant J.-C.).

L'artisanat

Les Gaulois étaient d'excellents forgerons.

L'art des bronziers

Les Gaulois nous ont laissé de nombreux objets d'art, fabriqués en bronze.

Enfant vêtu d'un manteau à capuchon (bronze).

Grand sanglier avec échine (bronze), Neuvy-en-Sullias, époque gallo-romaine.

Lexique

Défricher : couper les arbres et les broussailles afin de pouvoir cultiver la terre.

Polythéiste : qui croit en plusieurs dieux (*poly* en grec signifie « plusieurs »). Le polythéisme est la croyance en plusieurs dieux.

CARNET DE ROUTE

Les peuples gaulois

Les Gaulois vivent **regroupés en tribus**. Plusieurs tribus forment un peuple appelé « cité » par les Romains. Par exemple, les Arvernes sont les Gaulois qui vivent en Auvergne et les Parisii ceux qui vivent au centre de l'Île-de-France. **Tous ces peuples gaulois sont indépendants** et se combattent fréquemment.

La vie quotidienne des Gaulois

Les Gaulois ont **défriché** la forêt pour pouvoir construire leurs maisons, faites de bois, d'argile et de paille et recouvertes de chaume.

Leurs activités essentielles sont **l'agriculture** et **l'élevage**. Ils labourent la terre à l'aide de l'araire. Ils cultivent la vigne et élèvent des animaux domestiques : les bœufs, les chevaux et les cochons. Ces derniers sont des sangliers domestiqués : les Gaulois raffolent de la charcuterie.

C'est également **un peuple d'inventeurs et d'artisans**, à l'origine de nombreuses techniques encore connues aujourd'hui : le tonneau, le pantalon (appelé « braies »)… Les Gaulois sont **polythéistes** : ils croient en un grand nombre de dieux.

Les Grecs et les Romains en Gaule

Depuis l'an 600 avant J.-C., **les Grecs de Marseille influencent le Sud-Est de la France actuelle**. À partir de 121 avant J.-C., **l'influence romaine grandit** dans la région, avec la création d'une province romaine, la Gaule narbonnaise, et la construction d'une route, la *via Domitia*, qui relie l'Italie à l'Espagne.

Je découvre des techniques et des écritures différentes

Dans l'Antiquité, différentes techniques sont utilisées pour écrire.

Les Sumériens

Vers 2600 avant J.-C., les scribes Sumériens ont utilisé un roseau coupé en biseau pour imprimer la glaise encore molle de leurs tablettes. C'est de là que vient le nom de leur écriture : l'écriture cunéiforme, « en forme de coins » (voir Doc. 4 page 7).

Les Égyptiens

Les Égyptiens écrivent avec des pictogrammes : un signe correspond à un mot. Ils utilisent aussi les couleurs pour donner un sens à leurs écrits. Pour connaître le sens de la lecture, les Égyptiens doivent regarder la direction des têtes des animaux et des hommes : leurs yeux sont tournés vers le début des textes. Seul le nom de leurs souverains est gravé dans des cartouches.

Il existe plusieurs techniques de gravure :

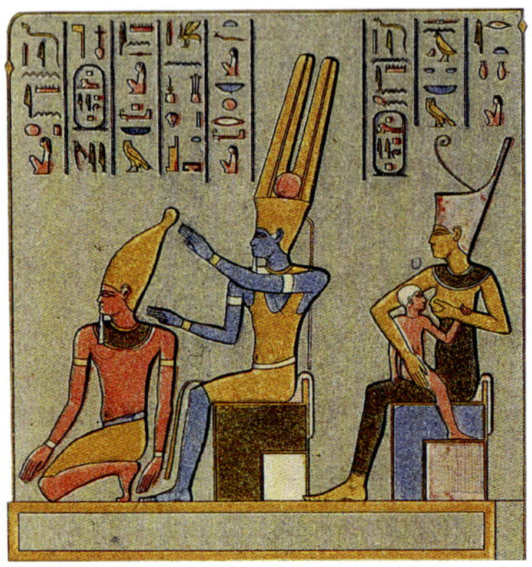

Bas-relief, Karnak, Égypte, vers 1320-1200 avant J.-C.

- **Les bas-reliefs**
Dans les bas-reliefs, la gravure se détache de la pierre. Pour cela, les ouvriers égyptiens enlèvent de la matière tout autour du motif.

- **Les hauts-reliefs**
Dans les hauts-reliefs, la gravure se détache nettement du fond. C'est la technique qui demande le plus de travail.

Haut-relief provenant d'une chapelle de Djeser à Héliopolis, Égypte, 2680-2650 avant J.-C.

- **Les reliefs en creux**
La technique du relief en creux consiste à créer des volumes par le creusement en profondeur des motifs. C'est la technique la moins coûteuse. Les reliefs en creux ont aussi l'avantage d'être mis en valeur par les rayons du soleil ; c'est pourquoi ils sont très souvent utilisés sur les murs des monuments extérieurs.

Stèle du pharaon Ounas, Égypte, Saqqarah, vers 2500-2300 avant J.-C.

Stèle avec inscription en grec.

Les Grecs

À l'école, les enfants grecs apprennent à tracer les lettres de l'alphabet sur des morceaux de poteries. Pour cela, ils utilisent un stylet de fer. Les plus grands utilisent des rouleaux de papyrus : les volumen (qu'utilisaient déjà les Égyptiens). Ils écrivent avec un roseau taillé en pointe : le calame. Au IIIe siècle, le parchemin remplace le papyrus. Les Grecs gravent aussi des tablettes de bois recouvertes de cire.

Les outils de l'écolier pour l'écriture : tablette de bois, stylets, encrier et tampon.

JE RÉALISE UNE TABLETTE À LA MANIÈRE DE...

Matériel à prévoir

Pour réaliser ta tablette, il te faut :
- de la pâte à modeler ou du métal à repousser
- un calame (une baguette)
- une feuille de papier avec des fibres

Le scribe Intef, Égypte, 2033-1710 avant J.-C.

1. Prends une feuille de papier (avec des fibres) ainsi qu'une baguette et de l'encre. Fais comme le scribe Intef et utilise la numération égyptienne pour écrire ton âge.

1	2	3	4	5
I	II	III	IIII	III II
6	**7**	**8**	**9**	**10**
III III	IIII III	IIII IIII	IIIII IIII	∩

2. En utilisant l'alphabet grec, grave ton prénom avec une baguette dans de la pâte à modeler :
– Trace un parallélépipède rectangle d'environ 15 cm de long sur 10 cm de large.
– Avec la baguette, grave les lettres de ton prénom les unes après les autres dans le sens de l'écriture. Tu peux aussi utiliser du métal à repousser. N'oublie pas la majuscule !
Exemple : Paul → Παυλ

Lettre	Α	Β	Γ	Δ	Ε	Ζ	Η	Θ	Ι	Κ	Λ	Μ	Ν	Ξ	Ο	Π	Ρ	Σ	Σ	Τ	Υ	Φ	Χ	Ψ	Ω
	α	β	γ	δ	ε	ζ	η	θ	ι	κ	λ	μ	ν	ξ	ο	π	ρ	σ	ζ	τ	υ	φ	χ	ψ	ω
Équivalent	a	b	g	d	e	z	ê	th	i	k	l	m	n	x	o	p	r	s	s	t	u	ph	kh *ou* ch	ps	ô

QUI ÉTAIT

Rome devient une République en 509 avant J.-C. À partir de cette date, les Romains se lancent dans de nombreuses conquêtes autour de la Méditerranée. De 58 à 52 avant J.-C., Jules César, un général romain, conquiert la Gaule.

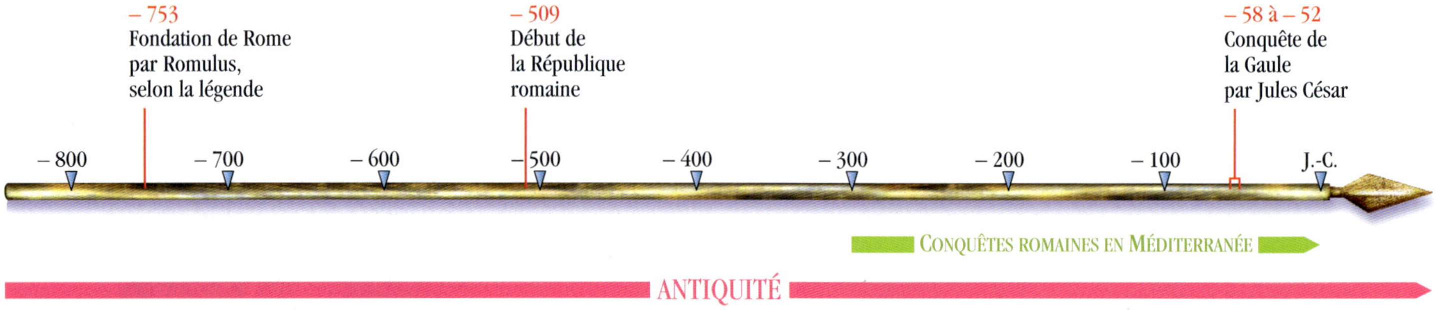

Doc. 1 Les conquêtes romaines au temps de Jules César.

1. Quels noms de provinces conquises par les Romains sont devenus des noms de continents ?

2. Quelles provinces ont été conquises par Jules César ?

3. À ton avis, pourquoi parle-t-on d'« Empire romain » ?

JULES CÉSAR ?

L'ORIGINE DE ROME SELON LA LÉGENDE

Romulus et Remus désiraient fonder une ville à l'endroit où ils avaient été abandonnés et élevés par une louve, puis par un berger. Pour connaître la volonté des dieux, on décida d'observer le vol des oiseaux. Romulus choisit la colline du Palatin et Remus la colline de l'Aventin. Remus observa le premier six vautours mais Romulus en vit douze. La ville prit donc le nom de Rome, en l'honneur de Romulus.

D'après l'historien romain Tite-Live, *Histoire romaine*, Ier siècle avant J.-C.

Doc. 2

4. Comment les Romains connaissent-ils la volonté des dieux (Doc. 2) ?

5. D'où vient le nom de Rome ?

Doc. 3 La louve romaine (statue de bronze étrusque, Ve siècle avant J.-C. ; statuettes d'enfants ajoutées au XVIe siècle).

6. À quelle légende cette sculpture te fait-elle penser ?

Doc. 4 Rome au temps de Jules César.

7. Combien de collines Rome compte-t-elle (Doc. 4) ?

Doc. 5 Jules César (Jules César en imperator, Rome, IIe-Ier siècles avant J.-C.).
Jules César est né en 101 avant J.-C. Chef politique et général romain, il fait la conquête de la Gaule de 58 à 52 avant J.-C. De retour à Rome, il prend la tête de la République. Mais il est assassiné le 15 mars 44 avant J.-C.

8. Quel âge a Jules César lorsqu'il commence la conquête de la Gaule ?

9. Pourquoi est-ce un personnage important dans l'histoire de Rome ?

Doc. 1 Le soldat romain est un bon marcheur.
L'armée romaine porte le nom de « légion ». Un centurion romain commande une soixantaine de légionnaires.

1. Décris l'équipement du centurion, puis celui du légionnaire.

2. Pourquoi a-t-on souvent comparé le légionnaire romain à une mule ?

PUNITIONS

- Bastonnade
- Privation de solde
- Privation de butin
- Perte des droits de citoyen
- Peine de mort
- Décimation (exécution d'un homme sur dix)

RÉCOMPENSES

- Part de butin
- Décorations
- Titre d'imperator pour le général victorieux
- Triomphe (le général victorieux peut défiler dans Rome avec son armée)

Doc. 2 Punitions et récompenses dans l'armée romaine.

3. Pourquoi la privation de butin est-elle une punition ?

4. Quelles récompenses concernent le simple soldat ?

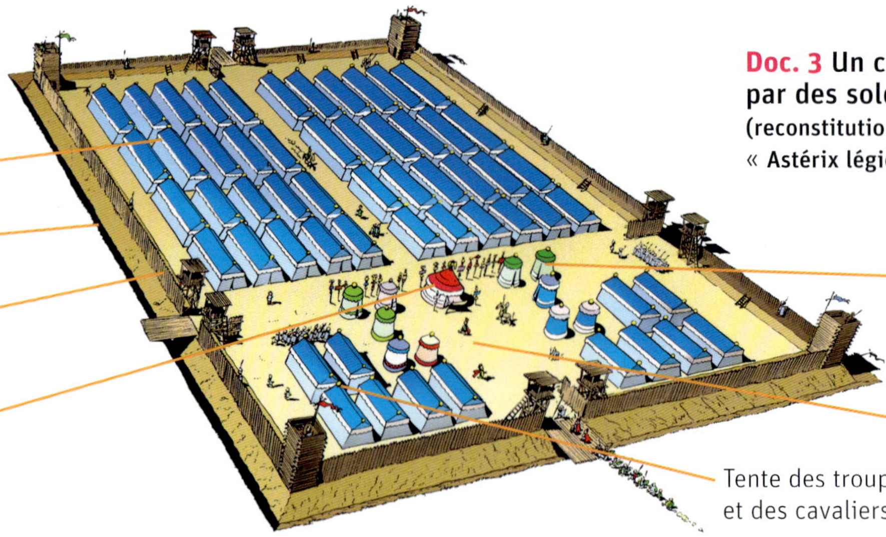

Doc. 3 Un camp romain construit par des soldats légionnaires (reconstitution par Goscinny et Uderzo, « Astérix légionnaire »).

5. À quoi servent le fossé et la palissade ?

6. Combien y a-t-il de tours ?

7. En quoi ces tours sont-elles construites ?

8. À quoi servent-elles ?

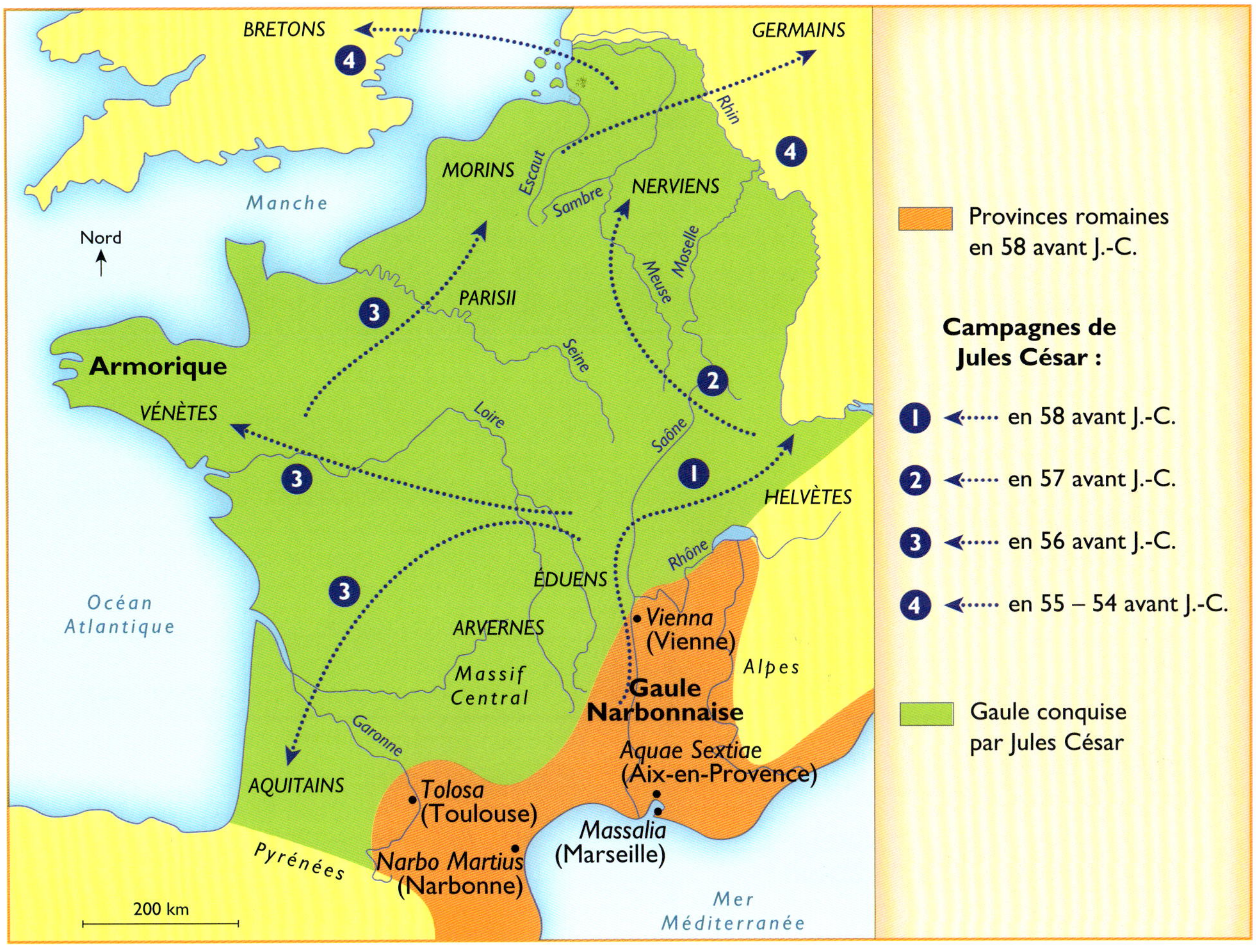

Doc. 4 La Gaule conquise par Jules César.

9. Quand Jules César a-t-il conquis l'Armorique ?

10. Quand a-t-il franchi le Rhin ?

11. Quelle est la dernière partie de la Gaule conquise ?

LA BATAILLE DE LA SAMBRE EN 57 AVANT J.-C.

César apprit en interrogeant les prisonniers que les Nerviens avaient pris position de l'autre côté de la rivière Sambre et qu'ils attendaient les Romains avec leurs autres alliés gaulois. Les femmes et les vieillards avaient été mis en un lieu protégé de l'armée romaine par des marais et des étangs.

À la fin de la bataille, l'ennemi, alors qu'il ne lui restait guère d'espoir, montra un grand courage. Quand les premiers étaient tombés, ceux qui les suivaient montaient sur leurs corps pour se battre. Quand ils tombaient à leur tour et que s'entassaient les cadavres, les survivants renvoyaient les javelots sur nos soldats. Cette bataille avait presque réduit à néant le peuple des Nerviens.

Quand ils apprirent la nouvelle, les vieillards firent soumission complète à César.

D'après Jules César, *La Guerre des Gaules*, livre II, 16 et 17, 51 avant J.-C.

Doc. 5

12. Situe le peuple des Nerviens sur la carte (Doc. 4).

13. Recopie les mots du texte qui montrent le courage des Nerviens (Doc. 5).

14. Pourquoi les vieillards se rendent-ils à Jules César ?

L'HÉRITAGE DES ROMAINS

La ville de Rome

Le paysage de Rome est aujourd'hui encore fortement marqué par l'époque de la République et de Jules César, notamment sur le Forum (centre de la ville pour les Romains).

Le Forum de Rome.

Des prénoms

Certains de nos prénoms sont d'origine romaine. Ils se sont formés à partir de prénoms, de noms, de surnoms, d'adjectifs et de noms d'empereurs utilisés par les Romains.

Caesar (un général) → César
Maximus (grand) → Maxime
Flora (déesse de la Végétation) → Flore
Diane (déesse de la Chasse) → Diane
Aurelius (empereur) → Aurélien
Julius (empereur) → Julien
Marcus → Marc

Les mois de notre calendrier

Des dieux ou des personnages célèbres ont souvent donné leurs noms aux mois de notre calendrier.

- Mars : mois de Mars, dieu de la Guerre. Époque où l'on commençait la guerre après l'hiver et premier mois de l'année.
- Juin : mois de Junon, déesse du Mariage.
- Juillet : de Julii, nom de famille de Jules César (Caius Julius Caesar).
- Août : d'Auguste, premier empereur romain.

L'influence de Rome sur trois continents

À l'origine, Rome est une cité. Elle devient ensuite un Empire qui s'étend sur trois continents et a apporté la paix et la prospérité durant cinq siècles. Des traces de la civilisation romaine sont toujours présentes sur ces trois continents.

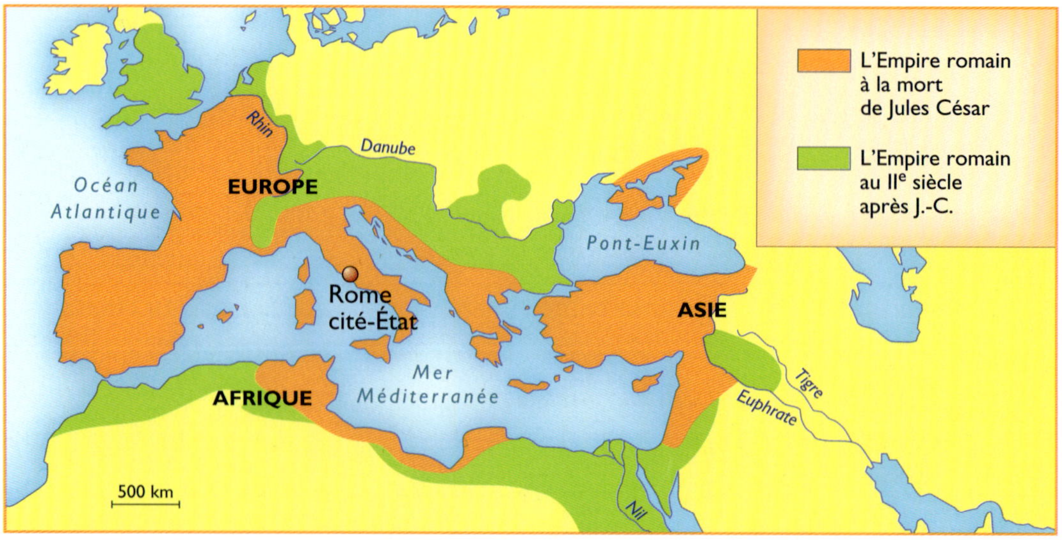

Des mots du vocabulaire politique

Nous utilisons encore des mots de l'époque romaine : *Empire*, *empereur*, *triomphe* (cérémonie en l'honneur d'un général victorieux), *sénat*, *République*, *loi*, *roi*…

Le triomphe de Tibère (coupe de Boscoréale, début Ier siècle après J.-C.).

La monnaie, héritage grec et romain

Les Grecs ont inventé la monnaie il y a 2 600 ans. Les Romains ont continué de frapper des pièces de monnaie qui portent l'image de leurs chefs et de leurs empereurs.

CAESAR IMP signifie « Caesar imperator », c'est-à-dire « César, général victorieux ».

Lexique

Cité : dans l'Antiquité, petit État indépendant comprenant une ville et la campagne environnante.

Empire : vaste ensemble de territoires dominé par une cité ou un pays.

Légion : armée romaine.

République : du latin *res publica* qui signifie « la chose publique ». Forme de gouvernement d'un pays.

CARNET DE ROUTE

La naissance de la cité de Rome

La **cité** de Rome est fondée en 753 avant J.-C. selon la légende de Romulus et Remus. En 509 avant J.-C., **Rome devient une République** : il n'y a plus de rois. La cité-État est dirigée par ses habitants les plus riches et les plus puissants, **qui forment le sénat**. Le pouvoir appartient à des consuls élus, chefs politiques et militaires.

Les Romains fondent un Empire

Aux débuts de la République de Rome, **les Romains conquièrent des territoires voisins, en Italie**. Les citoyens combattent pour leur cité et leur armée porte le nom de **légion**. La guerre qui commence au mois de mars (Mars est le nom du dieu de la Guerre) s'arrête avant l'hiver.

À partir du IIIe siècle avant J.-C., les généraux romains se lancent à la conquête de vastes territoires en Afrique du Nord, en Espagne, en Grèce, en Asie et dans le Sud de la Gaule (appelée ensuite « Gaule narbonnaise »). **Ces territoires sont appelés « provinces »**.

La conquête de la Gaule par Jules César

En 58 avant J.-C., un général ambitieux, Jules César, part à la conquête de la Gaule. **Il espère ainsi devenir un personnage important à Rome**. Il écrit le récit de ses exploits dans *La Guerre des Gaules*. Entre 58 et 54 avant J.-C., il repousse les Germains au-delà du Rhin, débarque en Bretagne (l'Angleterre actuelle) et oblige les Gaulois à se soumettre aux Romains. Désormais, la Gaule fait partie de l'**Empire** romain.

QUI ÉTAIT

En février 52 avant J.-C., les Gaulois se révoltent contre Rome. Vercingétorix réussit à unir plusieurs peuples gaulois et bat les Romains à Gergovie. Mais il est finalement vaincu à Alésia en septembre 52 avant J.-C.

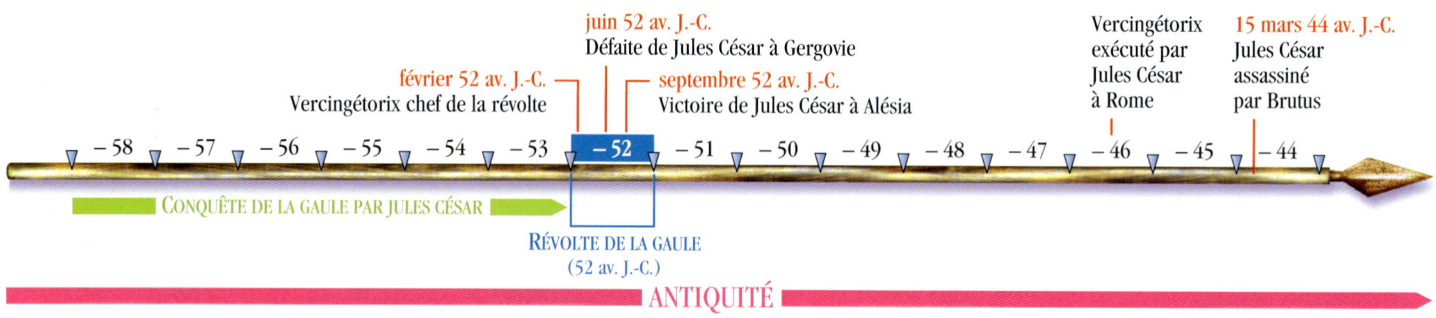

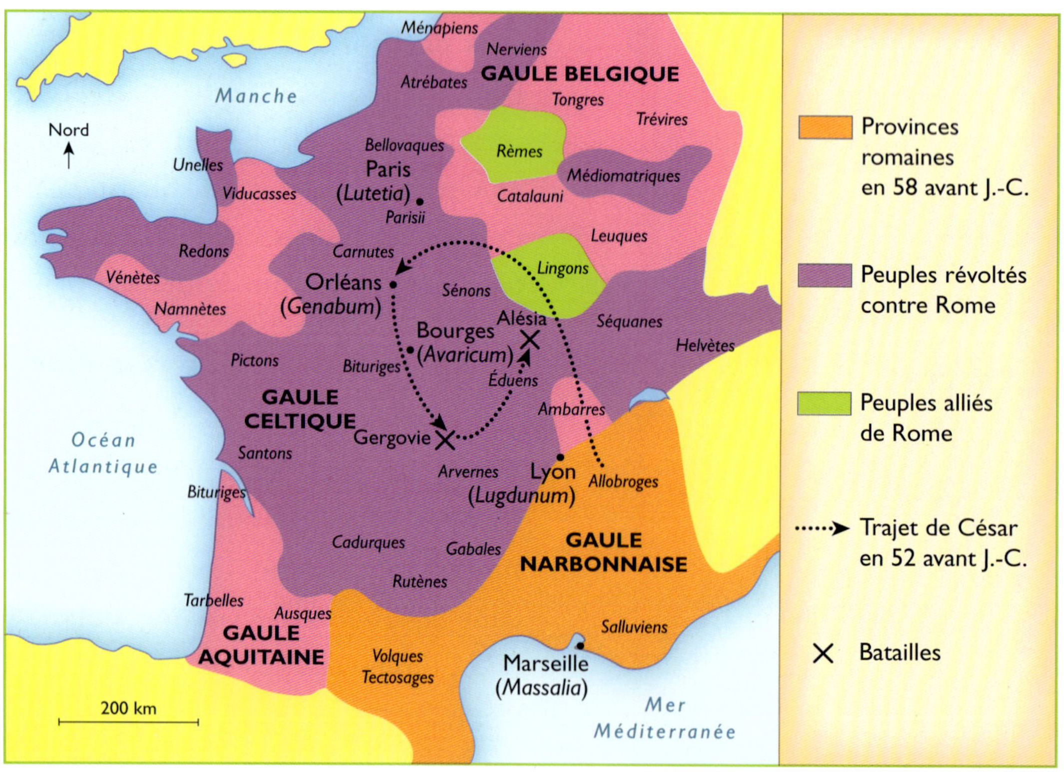

Doc. 1 La révolte des Gaulois en 52 avant J.-C.

1. *Cite des peuples gaulois révoltés.*
2. *Cite des peuples restés fidèles à Jules César.*
3. *Cite une victoire gauloise.*
4. *Cite une victoire romaine.*

VERCINGÉTORIX ?

VERCINGÉTORIX, CHEF DES GAULOIS

Vercingétorix, fils de Celtillos, arverne, était un jeune homme parmi les plus puissants du pays. Il réussit à convaincre plusieurs peuples gaulois de prendre les armes pour la liberté de la Gaule. Il exige de chaque peuple gaulois qui le suit un nombre précis de soldats et il fixe la quantité d'armes que chaque peuple doit fabriquer. Il accorde un soin particulier à la cavalerie.

Jules César, *La Guerre des Gaules*, livre VII, 4, 51 avant J.-C.

Doc. 2

5. Que doivent faire les peuples gaulois pour lutter contre Rome ?

Doc. 3 **Vercingétorix appelle les Gaulois à la défense d'Alésia**
(tableau de François Ehrmann, XIXe siècle).

6. Ce tableau date-t-il de l'Antiquité (Doc. 3) ?

7. Que fait Vercingétorix ?

VERCINGÉTORIX SE REND À JULES CÉSAR

Vercingétorix convoque l'assemblée. Il déclare que cette guerre avait pour but la liberté de tous. Mais, puisqu'il est impossible de vaincre, il accepte de mourir ou de se livrer aux Romains. On envoie des messagers à César. Celui-ci ordonne qu'on lui remette les armes et les chefs des peuples gaulois. On lui livre Vercingétorix, les Gaulois jettent leurs armes à ses pieds.

D'après Jules César, *La Guerre des Gaules*, livre VII, 89, 51 avant J.-C.

Gaulois enchaîné provenant d'une fontaine à Glanum, Bouches-du-Rhône.

Doc. 4

8. Qui est l'auteur de ce texte ?

9. Décris l'attitude de Vercingétorix.

10. Décris la statue du Gaulois.

L'oppidum d'Alésia aujourd'hui.

L'OPPIDUM D'ALÉSIA, REFUGE DES GAULOIS

Alésia était au sommet d'une colline. Il était impossible de la prendre autrement que par un siège[1]. En avant de la colline s'étendait une plaine.

Jules César, *La Guerre des Gaules*, livre VII, 69, 51 avant J.-C.

1. Installation d'une armée autour d'un lieu pour s'en emparer.

Doc. 1

1. Où les Gaulois se sont-ils réfugiés ?

2. Quel est l'avantage de leur position ?

JULES CÉSAR ENCERCLE LES GAULOIS

César fit creuser un fossé de vingt pieds[1] de large. Entre cette ligne et la suivante, il creusa deux autres fossés qu'il fit remplir d'eau. Derrière ces fossés, il fit construire un mur de terre surmonté d'une palissade haute de douze pieds. Au pied du mur de terre, il disposa de grandes pièces de bois fourchues, pointées vers l'ennemi, qui devaient empêcher l'escalade. Il éleva sur toute la longueur de la fortification une tour tous les quatre-vingts pieds.

Jules César, *La Guerre des Gaules*, livre VII, 72, 51 avant J.-C.

1. Mesure de longueur : un pied = environ 30 cm.

Doc. 2

3. Que fait Jules César pour préparer le siège d'Alésia ?

4. Qu'y a-t-il de curieux dans la façon dont Jules César raconte l'histoire ?

Doc. 3 Reconstitution des fortifications construites par les Romains lors du siège d'Alésia en 52 avant J.-C.

5. Décris les fortifications.

6. Observe les Doc. 2 et 3. La reconstitution te semble-t-elle exacte ? Pourquoi ?

DE VERCINGÉTORIX

Doc. 4 **Vercingétorix** (monnaie gauloise en or, Ier siècle avant J.-C.).

7. De quel siècle date cette pièce de monnaie ?

8. Décris Vercingétorix.

9. Quelles différences vois-tu avec l'image de Vercingétorix page 33 ?

LA SÉVÉRITÉ
DANS L'ARMÉE GAULOISE

Vercingétorix se montre très sévère dans le commandement : pour une faute grave, c'est la mort par le feu et par toutes sortes de supplices. Pour une faute légère, il fait couper les oreilles au coupable ou crever un œil et il le renvoie chez lui, afin de servir d'exemple et que la sévérité du châtiment subi frappe les autres de terreur.

Jules César, *La Guerre des Gaules*, livre VII, 4, 51 avant J.-C.

Doc. 5

10. Montre que Vercingétorix est un chef sévère.

11. Qu'espère-t-il en se montrant si sévère ?

Doc. 6 **Gaulois et Romains se combattant** (Barbare combattant un légionnaire romain, Rome, début du IIe siècle après J.-C.).

12. Qui est le Romain ? Qui est le Gaulois ? À quoi le vois-tu ?

La légende de Vercingétorix

Vercingétorix est toujours un personnage célèbre. Au XIXe siècle, les femmes venaient se recueillir devant sa statue au mont Auxois. Dans les vieux manuels scolaires de l'école primaire, Vercingétorix était présenté comme un chef gaulois combattant les envahisseurs. Mais depuis, les historiens ont montré qu'il a d'abord combattu aux côtés des Romains pendant les premières années de la conquête de César. Il n'avait certainement pas de moustaches et son casque ne comportait pas d'ailes !

Manuel scolaire de 1949.

De Vercingétorix à Astérix

La terminaison en « -ix » du chef arverne Vercingétorix, comme celle d'un autre chef gaulois ayant lutté contre César, le Belge Ambiorix, ont donné aux auteurs d'*Astérix* l'idée de noms de Gaulois se terminant tous par « -ix » : Astérix, Obélix, Abraracourcix, Panoramix, etc. Mais « Gaulois » a donné les prénoms Gaëlle et Gaël.

Des livres et un film

Vercingétorix est un héros de bande dessinée. Il a également été le héros d'un film : *Vercingétorix*, interprété par Christophe Lambert et réalisé par Jacques Dorfmann (2001).

Les Gaulois influencés par les Romains

« Au Ier siècle avant J.-C., les principaux peuples gaulois sont au contact des Romains par la province de Gaule narbonnaise. Comme les Romains, chaque grand peuple gaulois possède un sénat, composé de représentants des riches familles gauloises.
Le commerce avec les Romains est considérable : il porte sur le vin, le cuir, les étoffes, les esclaves. De grands négociants romains sont installés en Gaule ; les riches Gaulois vont souvent en voyage à Rome. »

D'après Christian Goudineau, professeur d'histoire au Collège de France.

« Astérix, le combat des chefs ».

Lexique

Oppidum : ville fortifiée gauloise, construite sur une colline et entourée de remparts.

CARNET DE ROUTE

La révolte des Gaulois

En 53 avant J.-C., des Gaulois se révoltent contre César. En février 52 avant J.-C., **Vercingétorix, un jeune chef arverne,** réussit à unir un grand nombre de peuples gaulois pour faire la guerre aux Romains. Il peut compter sur un atout important : une puissante cavalerie gauloise. À Orléans (Cenabum), la garnison romaine est massacrée.

Afin d'écraser cette révolte, **Jules César**, à la tête de ses légions, assiège et prend Avaricum (Bourges). Mais il se fait **battre par Vercingétorix à Gergovie**, dans le Massif central, en juin 52 avant J.-C.

La défaite de Vercingétorix

Les Gaulois harcèlent les Romains. Ils les attaquent partout où ils le peuvent. Mais les Romains obligent Vercingétorix à se réfugier sur l'**oppidum d'Alésia que Jules César encercle et assiège**. Les Gaulois n'ont plus rien à manger. **Vercingétorix décide de se rendre en septembre 52 avant J.-C.** Il est fait prisonnier par Jules César.

Que se passe-t-il après la défaite d'Alésia ?

La guerre des Gaules s'achève en 51 avant J.-C. avec la soumission des derniers peuples gaulois. La Gaule comptait alors 10 millions d'habitants. Selon Jules César, la conquête a fait un million de morts. De plus, un million de Gaulois ont été vendus comme esclaves.

Jules César célèbre son triomphe à Rome. Au cours de cette cérémonie, il fait étrangler Vercingétorix, en 46 avant J.-C.

QUI ÉTAIENT LES

La Gaule, conquise par Jules César, adopte peu à peu le mode de vie des Romains. Les habitants des provinces romaines de Gaule sont appelés « Gallo-Romains ».

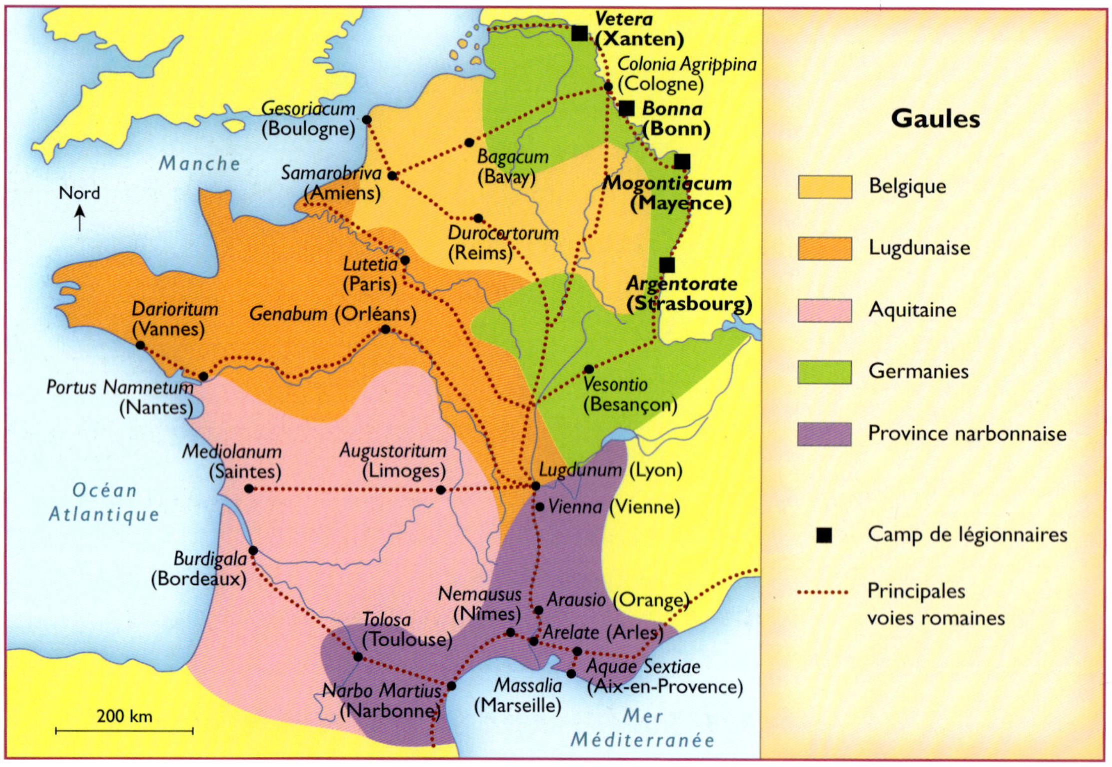

Doc. 1 **Les provinces romaines de Gaule au IIe siècle après J.-C.**

1. À quelle partie de la Gaule ta région appartient-elle (Doc. 1) ?

2. Par où passer pour aller de Marseille à Boulogne ? de Marseille à Strasbourg ?

Apollon, dieu du Soleil et de l'Intelligence (masque en bronze, Lewarde, Ier siècle après J.-C.).

Une déesse romaine : Vénus (statue d'Aphrodite dite « Vénus d'Arles », vers 360 avant J.-C.).

Doc. 2 **Les Gallo-Romains adorent les dieux romains.**

3. Qu'est-ce qui peut évoquer le Soleil dans la statue d'Apollon ?

4. Recherche qui est la déesse Vénus.

GALLO-ROMAINS ?

Doc. 3 **Les Gallo-Romains obéissent aux empereurs romains** (buste de Marc Aurèle, empereur romain, Chiragan, vers 170-180 après J.-C).

5. Cherche dans un dictionnaire qui était Marc Aurèle. À quel siècle a-t-il régné ?

Doc. 4 **Les Gallo-Romains vivent dans des villes romaines** (Vienne à l'époque romaine, tableau d'Étienne Rey, 1860).

6. Montre que les Gallo-Romains vivent comme des Romains (Doc. 3 et 4).

7. Quels monuments peux-tu identifier sur le Doc. 4 ?

Doc. 5 **Les Gallo-Romains construisent de nouveaux monuments** (maquette montrant la construction d'un temple d'après des fouilles archéologiques à Toulouse).

8. Par quoi le toit du temple sera-t-il supporté ?

9. Quels moyens utilise-t-on pour élever les pierres ?

Doc. 1 Théâtre romain et arènes (théâtre antique, Ier siècle après J.-C. et arènes d'Arles, IIe siècle après J.-C.).
Les Gallo-Romains assistent, dans des amphithéâtres, à différents spectacles (combats de gladiateurs, combats contre des fauves…). Le mot « arène » est un synonyme d'« amphithéâtre ».

1. Décris le théâtre, puis l'amphithéâtre.

2. Cite deux différences entre le théâtre et l'amphithéâtre.

Doc. 2 L'école gallo-romaine
(élèves étudiant sous l'œil de leur maître, bas-reliefs de Neumagen, Allemagne, 200 après J.-C.).

3. Où sont les élèves ?

4. Où est le maître ? À quoi le reconnais-tu ?

5. En latin, ce que tiennent dans leurs mains les élèves assis s'appelle un « volumen ». Quel mot de la langue française en est issu ?

Doc. 3 Une céramique sigillée sortant de son moule (Ier siècle après J.-C.).
Avec de l'argile, les artisans gallo-romains fabriquaient des récipients d'excellente qualité, recherchés dans tout l'Empire romain.

6. Recherche à quoi pouvait servir une telle poterie.

Doc. 4 Le temple romain d'Auguste et Livie à Vienne (construit vers 20 avant J.-C.).
Les Gallo-Romains y faisaient des offrandes à l'empereur, considéré comme un dieu, et à des membres de sa famille.

7. Pourquoi peut-on dire de ce temple qu'il est majestueux ?

Doc. 5
Un dieu lare (statuette de bronze, Bavay, Ier siècle après J.-C.).

Le dieu lare est un dieu du Foyer. Il protège la maison.

8. Dans quelle partie de la Gaule ce dieu a-t-il été trouvé ? Aide-toi de la carte (Doc. 1) page 38.

Doc. 6 La villa gallo-romaine (reconstitution).

9. Décris les différentes parties de la villa.

COMMENT BIEN LABOURER

Le joug[1] reposera sur l'encolure des bœufs. Ils ont en effet plus de force dans le cou et le poitrail que dans les cornes. De cette manière, leur effort est soutenu par tout le poids du corps. Ce qui permet un labour plus profond à l'aide de l'araire. Et plus le labour est profond, plus se développe avec force le produit des semailles et des arbres.

D'après l'agronome romain Columelle, *Traité sur l'agriculture*, Ier siècle après J.-C.

1. Pièce servant à atteler les bœufs.

Doc. 7

10. Pour quel type de travaux agricoles se sert-on de bœufs ?

Des routes : les voies romaines

Les voies romaines sont l'héritage principal de l'époque romaine. Elles sont encore visibles aujourd'hui.
Elles étaient utilisées pour le commerce, les voyages et le déplacement rapide des légions romaines en cas de révolte.

La voie romaine à Chaussée-du-Bois-d'Écu (Picardie).

Des ponts et des aqueducs

Les voies romaines ont un tracé en ligne droite. Pour franchir les rivières, des ponts sont construits. Ils sont parfois encore utilisés. Le pont Julien, dans le Vaucluse, a été utilisé jusqu'à la fin du XXe siècle.

Des villes où il fait bon vivre

Les plus belles et les plus grandes des villes gallo-romaines comptent un amphithéâtre, un théâtre, une grande place centrale rectangulaire (le forum), des bains et des temples dédiés aux dieux romains.
Un cirque pour les courses de chars a parfois été découvert à l'extérieur de la ville.

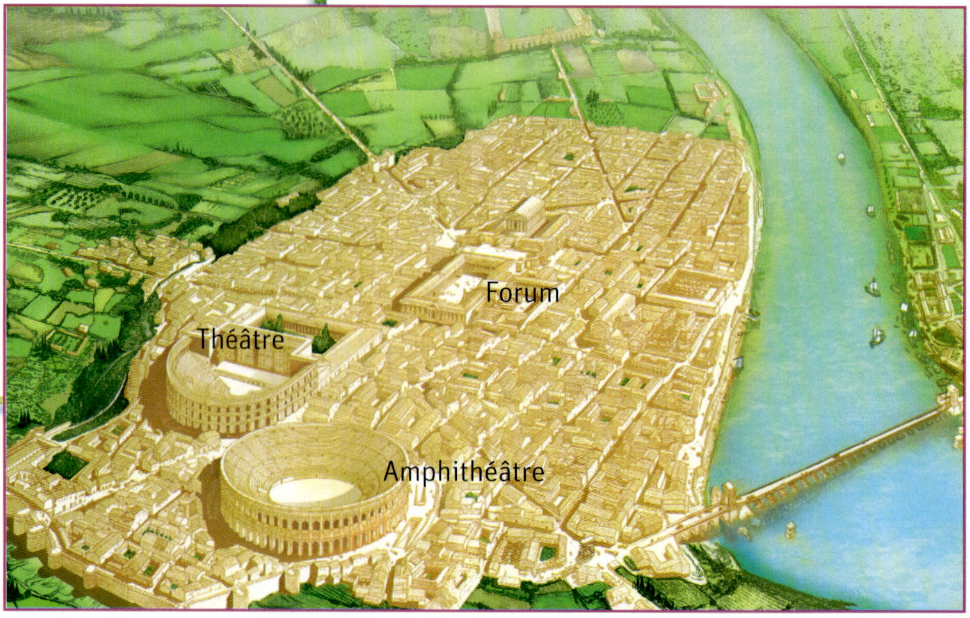

Maquette d'Arles au IVe siècle après J.-C.

Les stations thermales ou les bains

Les Romains aiment se retrouver aux bains, qu'ils appellent « thermes ».

LEXIQUE

Amphithéâtre : lieu où étaient organisés des jeux parfois sanglants.

Aqueduc : canal en maçonnerie, parfois couvert, apportant l'eau en ville.

Temple : dans l'Antiquité, le temple est la maison d'un dieu.

Théâtre : lieu où l'on donne des spectacles.

Thermes : établissement de bains.

Villa : grande ferme romaine.

CARNET DE ROUTE

La paix romaine

À la fin de la conquête de Jules César, **la Gaule est divisée en quatre provinces** : la Narbonnaise, première conquise, la Belgique, la Lyonnaise, la plus étendue, et l'Aquitaine. La capitale est Lyon. Pendant près de cinq siècles**, les Romains maintiennent la paix en Gaule**. Celle-ci est protégée des invasions, comme le reste de l'Empire romain, par des fortifications.

La vie des Gallo-Romains

Vaincus, les Gaulois adoptent **le mode de vie des Romains**, qui se diffuse rapidement dans toutes les villes : **c'est la romanisation**. L'influence romaine gagne également les campagnes. Peu à peu, se forme un peuple gallo-romain.

Ainsi, les Gallo-Romains construisent des **théâtres**, des **amphithéâtres** et des **thermes**, mais également des **temples** pour honorer les dieux. Grâce aux **aqueducs**, l'eau courante arrive dans les villes, où de nombreuses fontaines la distribuent aux habitants. Les Gallo-Romains adoptent également **la langue du vainqueur : le latin**. Enfin, les villes de Gaule sont reliées par **des voies romaines**, dallées de pierres. Il ne sera pas construit d'autres routes avant quinze siècles.

Les campagnes

Le long des voies romaines, des **villas** sont construites. Mais, à l'écart de ces routes, bien **des Gaulois restent attachés à leur langue celtique**, à leurs vêtements traditionnels (pantalon, manteau à capuchon) et à leur alimentation à base de charcuterie et d'une sorte de bière : la cervoise.

J'étudie l'art des mosaïques

Les premières mosaïques sont réalisées à l'aide de galets ramassés sur les plages. Les galets n'ayant pas beaucoup de couleurs, elles sont assez peu colorées.
Ensuite, les mosaïstes utilisent des morceaux de roches taillés en cubes plus ou moins réguliers : les tesselles. Les roches utilisées sont variées : le marbre rouge, le basalte noir ou la malachite verte. Le plus souvent, l'artiste fait un dessin préparatoire qu'il reporte ensuite sur une surface préparée au ciment. Il pose alors les tesselles.
Plus tard, l'utilisation de pâte de verre permet une plus grande diversité de couleurs.

J'étudie les thèmes et les lieux des mosaïques

Mosaïque romaine à décor géométrique.

Les premières mosaïques faites de galets ont été retrouvées à Gordion (Asie Mineure). Elles datent du VIIIe siècle avant J.-C.
Entre le Ve et le IVe siècle avant J.-C., les mosaïques en galets sont très appréciées des riches commerçants et des notables grecs. La mosaïque a une place très importante dans leurs demeures. Elle occupe le sol de la pièce principale et est divisée en plusieurs parties, appelées « tapis ». Au centre du tapis principal se trouve le motif le plus important. Il est composé d'animaux fantastiques, de personnages issus de la mythologie ou de scènes de la vie quotidienne. Les autres parties de la mosaïque comportent des formes géométriques ou florales.

La plus ancienne mosaïque de tesselles a été retrouvée en Sicile. Elle date de 282 avant J.-C. Cette nouvelle technique s'est répandue dans tout le Bassin méditerranéen, et notamment dans les villas romaines. La mosaïque envahit alors toutes les maisons. Les thèmes sont de plus en plus variés.

Mosaïque romaine de bassin : amours et dauphins.

la mosaïque

Je fabrique une mosaïque géométrique

Matériel à prévoir

Pour être un mosaïste, il te faut :

- un crayon à papier, des crayons de couleur, une gomme
- de la colle blanche en bâton
- plusieurs feuilles de couleur (papier affiche) ou gommettes
- une feuille A5 de papier normal
- une feuille A5 de papier fort

1. Fais ton dessin :

– Sur la feuille de papier normal, trace un carré de 10 cm de côté.

– Puis trace sur ce carré un quadrillage ① et colorie-le ②.

2. Réalise ta mosaïque :

– Reproduis le carré de 10 cm et le quadrillage sur la feuille de papier fort ③.

– Si tu utilises des feuilles de couleur, découpe les tesselles en respectant les couleurs et les formes de ton dessin. Sinon, sélectionne les gommettes dont tu as besoin.

– Colle tes tesselles ou tes gommettes dans le quadrillage en suivant le modèle de ton dessin ④.

COMMENT LES PREMIERS CHRÉTIENS

Le christianisme est né au Ier siècle.
Il arrive en Gaule au IIe siècle, dans la vallée du Rhône.
Du IIe au Ve siècle, il gagne les villes de la Gaule.

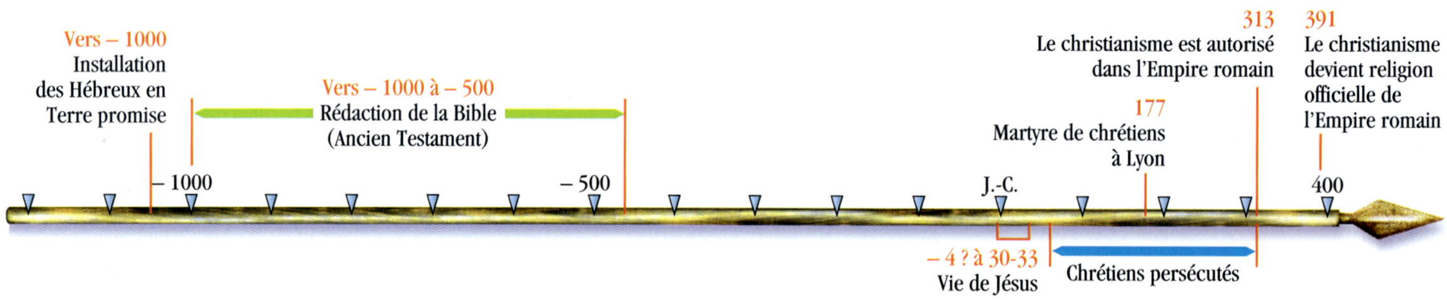

Doc. 1 Le christianisme dans l'Empire romain.

1. Dans quelle partie de la Gaule y a-t-il des chrétiens aux Ier et IIe siècles après J.-C. ?

2. Au Ve siècle après J.-C., quelles parties de l'Empire romain sont déjà chrétiennes ?

SONT-ILS ARRIVÉS EN GAULE ?

Doc. 2 Jésus de Nazareth (le sermon sur la montagne, miniature de 1295).
Jésus est né à Nazareth. Il enseigne la charité et l'amour du prochain.
Il est mort crucifié entre l'an 30 et l'an 33 après J.-C.

3. Cherche d'autres représentations de Jésus de Nazareth.

L'ÉDIT[1] DE MILAN (313)

Moi, Constantin, empereur, je donne aux chrétiens, comme à tous, la liberté de suivre la religion de leur choix. À partir de ce moment, nous permettons aux chrétiens de pratiquer leur religion sans qu'ils soient inquiétés.

1. Un édit est une loi.

Doc. 4

5. Quelle était auparavant la situation des chrétiens ?

LE MARTYRE DE SAINTE BLANDINE

Aux Ier et IIe siècles après J.-C, des chrétiens sont persécutés parce qu'ils refusent d'adorer l'empereur : ce sont des martyrs. Blandine est une chrétienne livrée aux fauves à Lyon en 177. Selon la légende, les lions ne l'auraient pas dévorée.

Blandine fut amenée dans l'arène. Après les fouets, après les fauves, après la chaise de feu, on l'enferma dans un filet pour la livrer à un taureau. Elle fut plusieurs fois lancée en l'air par l'animal. Mais elle ne sentait plus rien de ce qui lui arrivait. On finit par l'égorger.

Lettre des Églises de Lyon et de Vienne, fin du IIe siècle après J.-C.

Doc. 3

4. Pourquoi des chrétiens sont-ils livrés aux fauves ?

Doc. 5 Saint Martin de Tours diffuse le christianisme en Gaule (mosaïque de San Apollinare Nuovo, Ravenne, Ve siècle après J.-C.).
Saint Martin de Tours (vers 316-397) est un soldat romain. Baptisé à 18 ans, il est ensuite ordonné prêtre.

6. Comment appelle-t-on le cercle qui entoure la tête de Saint Martin ?

Doc. 1 Le Temple de Jérusalem (mosaïque du IVe siècle après J.-C.). Le judaïsme, religion des Juifs, a précédé le christianisme. Les Juifs n'ont qu'un seul temple, le Temple de Jérusalem. Mais celui-ci est détruit par les Romains en 70 après J.-C., après une révolte des Juifs contre Rome.

1. Décris l'entrée du Temple.

2. Repère le chandelier à sept branches. Cherche sa signification.

LA BIBLE

La Bible *est le livre sacré des Juifs et des chrétiens. Elle comprend une partie commune aux uns et aux autres : l'Ancien Testament, qui raconte l'histoire des Hébreux, ancêtres des Juifs. Elle contient aussi la Loi à laquelle doivent obéir les Juifs, en particulier les Dix Commandements.*

C'est Moi le Seigneur ton Dieu qui t'ai fait sortir du pays d'Égypte.

- Tu n'auras pas d'autre Dieu que Moi.
- Tu ne fabriqueras pas d'idole ni rien qui en ait la forme et tu ne prononceras pas à tort le nom du Seigneur, ton Dieu.
- Tu travailleras six jours et tu ne travailleras pas le septième.
- Tu honoreras ton père et ta mère.
- Tu ne tueras pas.
- Tu ne commettras pas d'adultère.
- Tu ne voleras pas.
- Tu ne feras pas de faux témoignage.
- Tu ne convoiteras pas la femme de ton voisin.
- Tu ne convoiteras pas le bien d'autrui.

La Bible, extrait de l'Ancien Testament, livre de l'Exode, 20, 2-17.

Doc. 2

3. Cherche dans un dictionnaire pourquoi les Hébreux ont quitté l'Égypte.

LE « BON PASTEUR »

Le bon pasteur risque sa vie pour ses brebis. Celui à qui n'appartiennent pas les brebis, dès qu'il voit le loup, laisse les brebis et s'enfuit, et le loup s'en empare.
Je suis le bon pasteur, je connais mes brebis et mes brebis me connaissent, comme le Père me connaît et que je connais le Père. J'ai encore d'autres brebis qui ne sont pas de cet enclos ; celles-là aussi, il faut que je les mène. Elles écouteront ma voix, et il y aura un seul troupeau, un seul pasteur.

Évangile de Jean, 10, 1-21.

Doc. 3

4. Qui est le « bon pasteur » (Doc. 3) ?

5. À qui est-il comparé ?

Doc. 4 La Cène (mosaïque, basilique San Apollinare Nuovo, Ravenne, Italie, VIe siècle après J.-C.).
La Cène est le dernier repas du Christ et de ses apôtres, avant qu'il ne soit jugé, condamné et crucifié. Chaque dimanche, par la messe, les chrétiens célèbrent ce dernier repas de Jésus.

6. À quoi reconnais-tu le Christ ?

7. Observe bien la mosaïque. Combien y a-t-il d'apôtres ?

8. Recherche ce qu'est une synagogue (Doc. 5).

9. Qui la fréquente ?

Doc. 5 Saint Paul (saint Paul prêchant aux Juifs dans la synagogue de Damas, mosaïque, Sicile, Italie, XIIe siècle après J.-C.).
Paul est un Juif influencé par la culture grecque. Il vit au Ier siècle après J.-C. et devient chrétien. Il prêche le christianisme aux Juifs et aux non-Juifs.

Doc. 6 Chrétienne en prière (catacombes[1] Saint-Janvier, peinture du Ve siècle après J.-C.).
1. Les catacombes sont des cimetières souterrains.

10. Quels gestes font les chrétiens pour prier ?

Le calendrier chrétien

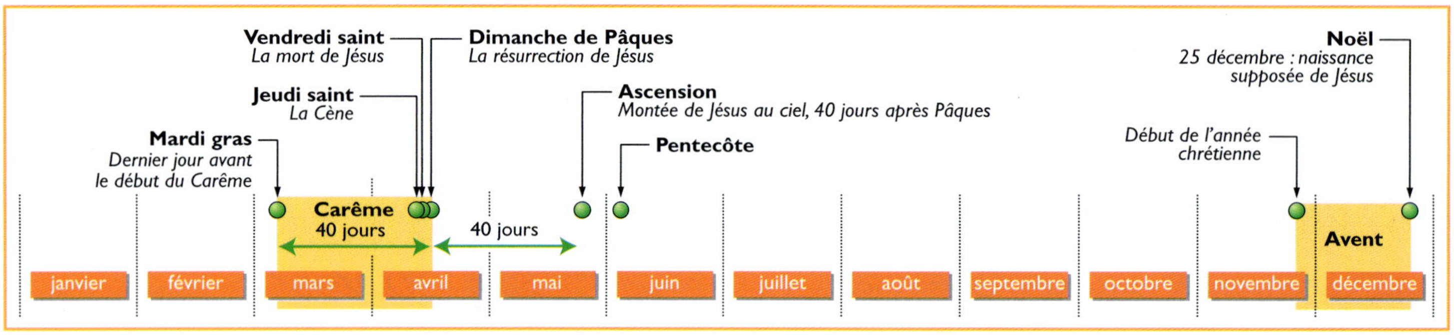

Jésus Christ est né avant Jésus Christ

La date exacte de la naissance de Jésus de Nazareth n'est pas certaine. À son époque, on comptait les années depuis la fondation de Rome (753 avant J.-C.) ou depuis les premiers Jeux olympiques (776 avant J.-C.). Cinq siècles après la naissance de Jésus, un moine grec, Dionysos Exiguus, a calculé les années séparant la fondation de Rome de la naissance supposée de Jésus. Mais il a commis une erreur d'au moins quatre ans ! Les historiens ont ensuite découvert que le moment où Jésus est né se situe 4 à 7 ans avant la date de début de notre ère.

Le pape

Le pape est à la tête de l'Église. Pierre, un apôtre de Jésus, est le premier pape. Il meurt à Rome, crucifié vers 64 ou 67 après J.-C. Depuis saint Pierre, les papes se sont succédé sans interruption jusqu'à aujourd'hui.

Le pape Benoît XVI au Vatican en 2006.

Baptême au IIIe siècle après J.-C. (détail d'un sarcophage trouvé à Rome).

Des traditions chrétiennes

Le baptême est le sacrement par lequel on devient chrétien. Il est toujours célébré par les catholiques : c'est par le baptême qu'on entre dans l'Église.

Un baptême aujourd'hui.

Des églises qui marquent le paysage des villages de France

En France, presque chaque village possède une église. Beaucoup de ces églises ont été construites au Moyen Âge ou au XIXe siècle.

Lexique

Chrétiens : disciples du Christ.

Crucifier : attacher une personne sur une croix jusqu'à ce qu'elle meure.

Église : le mot signifie à l'origine « assemblée des chrétiens ». Aujourd'hui, il désigne, écrit avec une majuscule, l'« ensemble des chrétiens » et, avec une minuscule, le bâtiment où se réunissent les chrétiens pour prier.

Évangiles : textes écrits par Matthieu, Marc, Luc et Jean, racontant la vie et l'enseignement de Jésus.

Le Messie : l'envoyé de Dieu, le Christ (du grec *Christos*).

Monothéisme : croyance en un seul dieu (*mono* signifie « un seul » en grec).

CARNET DE ROUTE

La naissance du christianisme

Au Ier siècle avant J.-C., la Palestine est peuplée de Juifs, descendants des Hébreux. Alors que les autres peuples de l'Antiquité sont polythéistes, le peuple juif est le premier à croire en un seul dieu. Il donne naissance au **monothéisme**.

Jésus est un Juif né à Nazareth, en Judée. Il parcourt les chemins, prêchant **l'amour d'un dieu unique pour tous les hommes** : « Tu aimeras ton prochain comme toi-même. » La Judée est alors une province romaine. Jésus, qui se dit **le Messie**, est pris pour un agitateur. Il est arrêté, jugé et **crucifié** un vendredi, le Vendredi saint pour les **chrétiens**. Ses compagnons croient qu'il est ressuscité le dimanche suivant sa crucifixion (le dimanche de Pâques).

Le christianisme persécuté

Les proches de Jésus racontent sa vie et son enseignement dans les **Évangiles**. Les chrétiens forment des **églises**. Durant plus de trois siècles, ils sont persécutés dans l'Empire romain. **Les premiers chrétiens arrivent sans doute en Gaule au IIe siècle après J.-C.** Ils viennent d'Orient et sont présents à Vienne et à Lyon où certains sont condamnés à mort en 177.

Le christianisme, religion de l'Empire romain

La nouvelle religion finit par s'implanter sans violence. En 313, l'empereur Constantin autorise le christianisme, qui devient religion officielle en 391. À la même époque, Saint Martin de Tours diffuse le christianisme en Gaule. Les chrétiens, peu nombreux dans les campagnes, sont surtout présents dans les villes.

QUE SONT LES GRANDES

Au IVᵉ siècle après J.-C., l'Empire romain est envahi par des peuples que les Romains appellent « barbares » : les Germains, puis les Huns. En 476, l'Empire romain s'effondre.

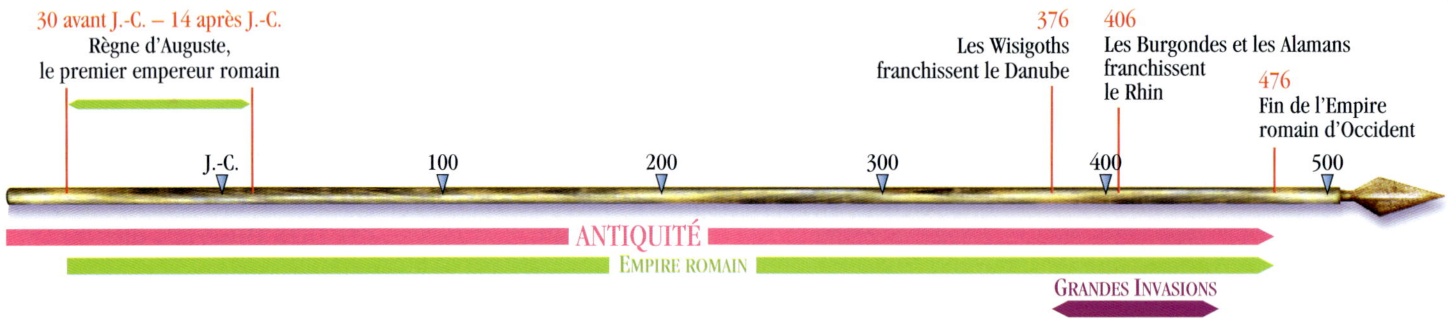

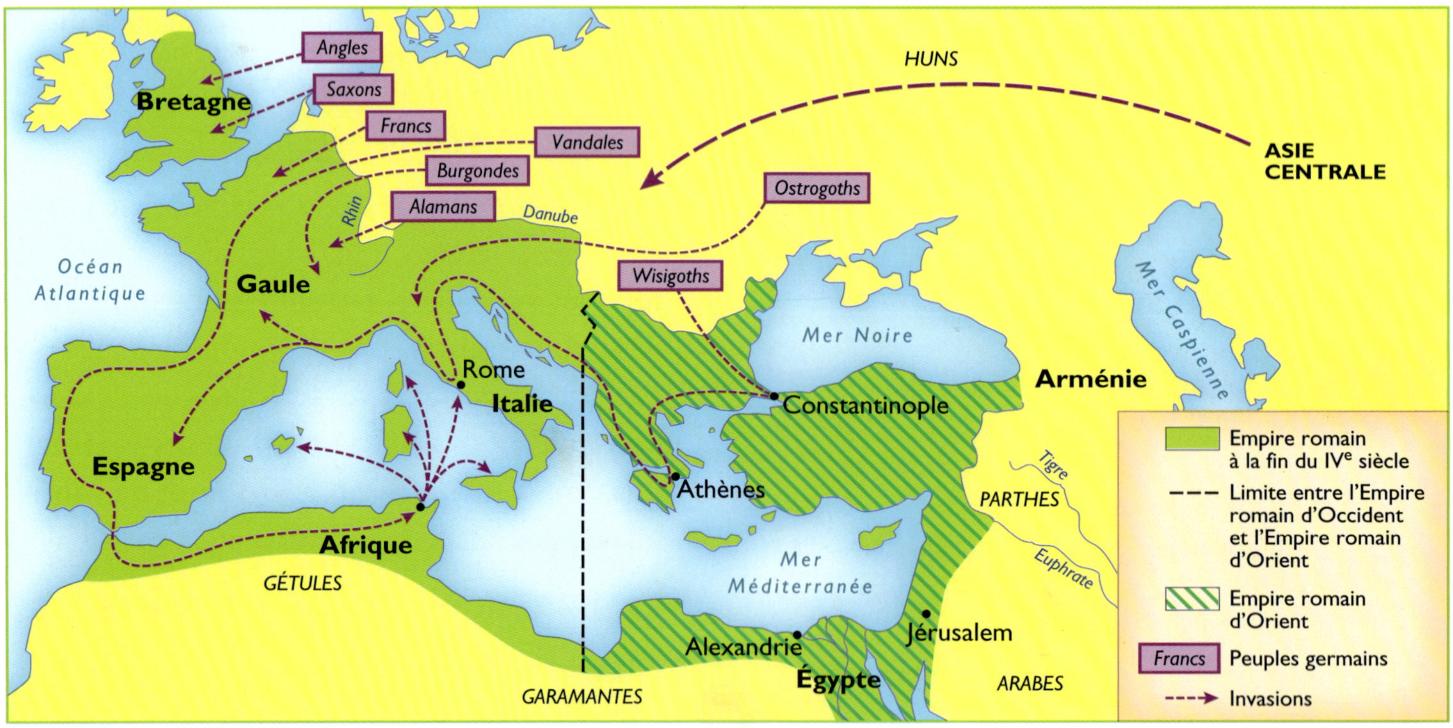

Doc. 1 Les Grandes Invasions.

1. *Où sont les peuples germains avant les invasions ?*
2. *À quel pays les Francs, les Alamans et les Burgondes ont-ils donné leur nom ?*
3. *Qui pousse les Germains à envahir l'Empire romain ?*
4. *Sur quel fleuve s'exerce la plus forte menace barbare (aide-toi du Doc. 2 page 53) ?*

INVASIONS ?

LA MENACE DES BARBARES

Partout, les territoires soumis aux Romains étaient attaqués par les Barbares. Les Francs, les Alamans et les Saxons s'étaient déjà emparé de quarante villes situées sur le Rhin, les avaient détruites, et avaient réduit les habitants en esclavage avec un butin inestimable.

Zosime, historien romain, *Histoire nouvelle*, vers 500 après J.-C.

Doc. 2

Doc. 3 Un guerrier wisigoth
(manuscrit, Londres, XIIIe siècle après J.-C.).
Les Wisigoths (les Goths de l'Ouest) franchissent le Danube en 376 après J.-C.

5. Décris le guerrier wisigoth. Quelles armes porte-t-il ?

Doc. 4 Soldats romains et prisonniers germains
(détail de la colonne Antonine, Rome, 180-196 après J.-C.).

6. Où sont les Romains ?

7. Qu'arrive-t-il aux prisonniers barbares ?

8. Que tient le cavalier dans sa main gauche (Doc. 5) ?

9. Qu'a-t-il attaché à la selle de son cheval ?

Doc. 5 Un Barbare en Europe centrale
(cruche en or, Roumanie, IVe siècle après J.-C.).

ROME FACE AUX INVASIONS

Si les soldats romains, épuisés, lâchent pied, notre général utilise des troupes levées parmi les Germains. En faisant combattre les uns contre les autres des Barbares, notre général affaiblit nos ennemis. L'avantage pour nous est double : des deux côtés ce sont des Barbares qui tombent.

Claudien, poète latin, *La Guerre gothique*, fin du IVe siècle après J.-C.

Doc. 6

10. Quel moyen est utilisé par les Romains pour affaiblir les Barbares ?

LES GERMAINS VUS PAR UN GÉOGRAPHE GREC

Passé le Rhin, tout de suite après les Gaulois, on rencontre, en allant vers l'est, des Germains. Comparés aux Gaulois, les Germains ont des mœurs plus sauvages, une taille plus élevée, les cheveux plus blonds, mais à cela près, ils leur ressemblent fort. Les Romains ont reconnu en eux les propres frères des Gaulois et les ont appelés *Germani*, d'un mot de leur langue qui désigne les frères nés de même père et de même mère.

Strabon, *Géographie*, livre VII, Ier siècle avant J.-C.

Doc. 1

1. D'où vient le mot « Germains » ? Qui a donné ce nom à ces peuples ?

2. Quelles différences l'auteur établit-il entre Gaulois et Germains ?

Représentation de Stilicon, général romain (360-408), Ve siècle après J.-C.

Sceau d'Alaric II, roi des Wisigoths (484-507).

Doc. 2 Deux chefs barbares : Stilicon et Alaric II.
Stilicon est un général romain d'origine vandale. Il est chargé par l'empereur de défendre l'Italie contre les Barbares. Il bat Alaric Ier, roi des Wisigoths, en 402, puis les Ostrogoths en 406. Il meurt en 408. Alaric II est roi des Wisigoths de 484 à 507.

3. Lequel de ces deux chefs barbares a combattu pour Rome ?

Doc. 3 La muraille d'Aurélien (Rome, IIIe siècle après J.-C.).
Elle porte le nom d'Aurélien, empereur romain de 270 à 275, qui l'a fait construire. Cette muraille ne suffit pas à protéger Rome : la ville est prise en 476 par Odoacre, un chef barbare. Il fait assassiner le dernier empereur romain, un enfant, Romulus Augustule.

4. Qui, auparavant, avait déjà réussi à prendre Rome ?

5. Qu'est-il arrivé au dernier empereur romain ?

GERMAINS ET DES HUNS

Doc. 4 **La Gaule et l'Occident à la fin du** **v**[e] **siècle après J.-C.**

6. Quelle est la capitale du royaume des Francs ?

7. Quels autres peuples barbares occupent le territoire de la Gaule ?

LES HUNS

Les Huns boivent à cheval, mangent à cheval et dorment à cheval en se baissant sur le cou de l'animal. Aucun d'eux ne cultive la terre. Ils ignorent entièrement ce qui est bien ou ce qui est mal. Ils ont fait irruption dans les vastes et fertiles villages d'Ermenric, roi des Ostrogoths. Surpris par la violence de cette attaque, il tenta d'abord de résister. À la fin, il se suicida car la férocité des assaillants était terrible.

Ammien Marcellin, historien romain, *Histoire*, IVe siècle après J.-C.

Doc. 5

8. Où se trouve le royaume des Ostrogoths au ve *siècle? Aide-toi de la carte (Doc. 4) pour répondre.*

9. Pourquoi le roi des Ostrogoths s'est-il suicidé ?

Doc. 6 **Attila et le pape** **(miniature médiévale représentant la rencontre d'Attila avec le pape Léon I**[er] **le Grand).**
Attila, chef des Huns, est vaincu par les Romains et les Wisigoths aux champs Catalauniques, en 451 après J.-C.
Il envahit l'Italie du Nord en 452 et pille plusieurs villes comme Milan.
Un représentant du pape le persuade de retirer son armée, très affaiblie par une épidémie.

10. Où les Huns ont-ils tenté d'envahir l'Occident ? Aide-toi de la carte (Doc. 4) pour répondre.

Des constructions défensives

À partir de la fin du IIe siècle après J.-C., les villes romaines s'entourent de murs. Il s'agit de se protéger des attaques des Barbares. Les portes des villes sont fortifiées. C'est le cas à Trèves, dans l'Ouest de l'Allemagne. La porte fortifiée a pris le nom de *porta Nigra* (« porte Noire ») en raison de la couleur de la pierre. Mais ces différentes constructions n'ont pas empêché le pillage de Rome en 410.

La porta Nigra, Trèves, vers 180.

Le souvenir de la terreur semée par Attila

Attila a laissé un souvenir terrifiant. Les historiens chrétiens disent d'Attila qu'il est « le fléau de Dieu ». Cette image de lui a été transmise au fil des siècles : « Ses yeux petits, pleins d'un feu sombre et continuellement en mouvement lançaient des regards foudroyants et portaient l'épouvante dans les cœurs. Il aimait à combattre. Il avait la poitrine large, la tête grosse, la barbe claire et mêlée, le nez court et aplati, le teint noir » (*Histoire des Goths*, Jordanès, un Goth devenu prêtre chrétien au VIe siècle après J.-C.). Aujourd'hui encore, une expression est utilisée : « Là où Attila passe, l'herbe ne repousse pas. »

L'orfèvrerie

Les peuples barbares savaient très bien travailler les métaux précieux. Ils nous ont laissé de très beaux bijoux.

Des mots qui ont changé de sens

Les noms des peuples germains ont parfois donné naissance à des mots utilisés aujourd'hui. Ainsi, le mot *vandale* (personne qui détruit) est issu des Vandales. De même, les Goths ont laissé leur nom à un type d'architecture du Moyen Âge : l'art gothique.

Boucle gothique du VIe siècle après J.-C.

Des villes gallo-romaines plus petites

Les invasions barbares provoquent des ravages, qui entraînent une diminution de la population et de la taille des villes.

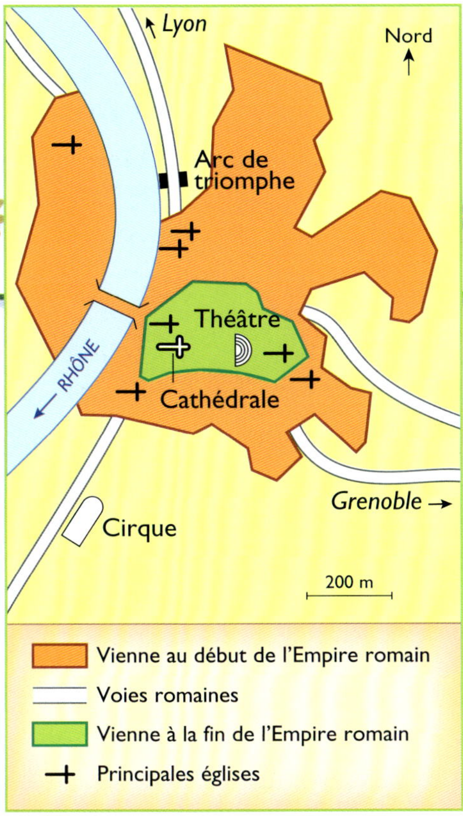

La ville de Vienne (Isère), du début à la fin de l'Empire romain.

Lexique

Barbare : à l'origine, ceux qui ne parlent pas grec. Pour les Romains, les Barbares sont des peuples non civilisés qui vivent à l'extérieur de l'Empire et qui le menacent.

Orient et Occident : Est et Ouest.

CARNET DE ROUTE

Les Barbares aux portes de l'Empire

Au IIIe siècle après J.-C., des peuples germains tentent de pénétrer dans l'Empire romain. Pour leur résister, **les Romains fortifient leurs frontières**. L'empereur Aurélien fait construire une muraille autour de Rome.

Chassés par les Huns, de redoutables cavaliers venus d'Asie centrale, les Germains finissent par envahir l'Empire romain à la fin du IVe siècle et au début du Ve siècle : **ce sont les Grandes Invasions.**

L'Empire envahi, Rome pillée

À la fin du IVe siècle, pour faciliter la défense de l'Empire, l'empereur Théodose le partage en deux : **l'Empire romain d'Occident et l'Empire romain d'Orient**. En 376, à l'est, les Wisigoths franchissent le Danube. En 406, ce sont les Burgondes et les Alamans qui traversent le Rhin.

Les Romains ne peuvent empêcher la prise et **le pillage de Rome en 410** par les Goths d'Alaric, puis à nouveau **en 455 par les Vandales**. Mais le pire est évité : l'invasion des Huns d'Attila. Ces derniers sont **vaincus en 451 aux champs Catalauniques**, dans l'Est de la France.

Les royaumes barbares

Chaque peuple barbare s'installe dans une région de l'Empire romain d'Occident et forme un royaume. **L'empereur romain n'a plus de pouvoir**. En 476, le dernier empereur romain, un enfant de dix ans, Romulus Augustule, est assassiné. **C'est la fin de l'Empire romain d'Occident**. Mais l'Empire romain d'Orient, dont la capitale est Constantinople, résiste et subsiste sous le nom **d'Empire byzantin** jusqu'en 1453.

UN EXEMPLE DE BANDE DESSINÉE HISTORIQUE

La bande dessinée essaie aujourd'hui de faire revivre des époques anciennes.
Les albums des aventures d'Alix montrent comment les hommes vivaient dans l'Antiquité, en particulier dans les villes grecques et romaines.

L'Acropole d'Athènes avec le Parthénon, temple de la déesse Athéna (« L'Enfant grec », Jacques Martin, collection « Alix », Casterman, 1980).

Une ville romaine en construction.

Un marché dans une ville grecque, puis romaine en Afrique (« Le Dieu sauvage », Jacques Martin, collection « Alix », Casterman, 1970).

Observe bien ces vignettes d'« Alix » : elles montrent les constructions dans les villes antiques.

- Tu peux voir sur la première vignette un temple, avec ses rangées de colonnes extérieures et ses décors peints sur le fronton. Un petit texte explique où se passe l'histoire.
- La deuxième te montre le forum de la ville... Un personnage explique dans une bulle ce que les ouvriers sont en train de construire.
- La troisième vignette te montre la façon dont les hommes étaient habillés en ville. Tu peux découvrir les habitants de la ville un jour de marché.

J'ÉTUDIE UN TEXTE ANTIQUE

Apulée est un écrivain africain qui a vécu à Rome (125-170 après J.-C.). Il nous raconte sa mésaventure sur la place du Forum.

Je me rends au marché [...]. J'y vois exposé un magnifique lot de poissons ; j'en demande le prix : cent sesterces[1] ; je refuse ; à vingt deniers[2], j'en fais l'emplette[3].
Et juste en sortant de là, je rencontre Pythias.
« J'ai la charge de l'annone[4], dit-il. S'il y a quelque denrée qui te fasse envie, à ton service. Combien, demanda-t-il, as-tu payé ?
– J'ai eu, dis-je, du mal à le faire lâcher à un pêcheur pour vingt deniers. »
À ces mots, il me conduit au marché [...].
« À qui donc ici as-tu acheté ce rebut[5] ? »
Je lui montre un petit vieux [...]. L'apostrophant[6] d'une voix rude :
« Vous mettez hors de prix des poissons sans valeur. Mais la malhonnêteté doit être réprimée. »

Apulée, *Métamorphose*, I, 24.

1. Un sesterce = un quart de denier. **2.** Un denier = 3,4 grammes d'argent sous l'Empire romain. **3.** L'achat. **4.** L'annone est l'approvisionnement en nourriture de la ville. **5.** Quelque chose qui n'a aucune valeur, qui est mauvais. **6.** S'adresser à quelqu'un.

JE TRANSFORME LE TEXTE D'APULÉE EN UNE BANDE DESSINÉE

Découpage du texte en vignettes

Bulle 1 : Apulée va faire son marché.
Bulle 2 : Il négocie le prix des poissons avec le vieux marchand.
Bulle 3 : Il repart et rencontre son ami Pythias.
Bulle 4 : Ils discutent et Pythias lui demande où il a acheté les poissons.
Bulle 5 : Pythias réprimande le marchand.

Matériel à prévoir

- une feuille de papier A3
- un crayon à papier, une gomme et une règle
- des crayons de couleurs et des feutres
- des pinceaux fins et de l'eau

RÉALISATION DE LA BANDE DESSINÉE

1. Utilise une feuille de papier A3 dans le sens de la largeur.
2. Trace cinq rectangles de 10 cm de long et 5 cm de haut. Ce seront les vignettes de ta bande dessinée.
3. Inspire-toi des vignettes d'« Alix » pour dessiner le décor du Forum.
4. Dans la première vignette, plante le décor. Apulée fait son marché.
5. Dans la deuxième, fais parler Apulée et le marchand.
6. Pour les suivantes, utilise le découpage du texte en vignettes.

Conseil : si tu veux que le ciel ne soit pas d'un bleu uniforme, tu peux, après l'avoir colorié au feutre, passer un pinceau humide. Le feutre sera « délavé » par l'eau, le ciel aura donc du relief.

LES DATES CLÉS

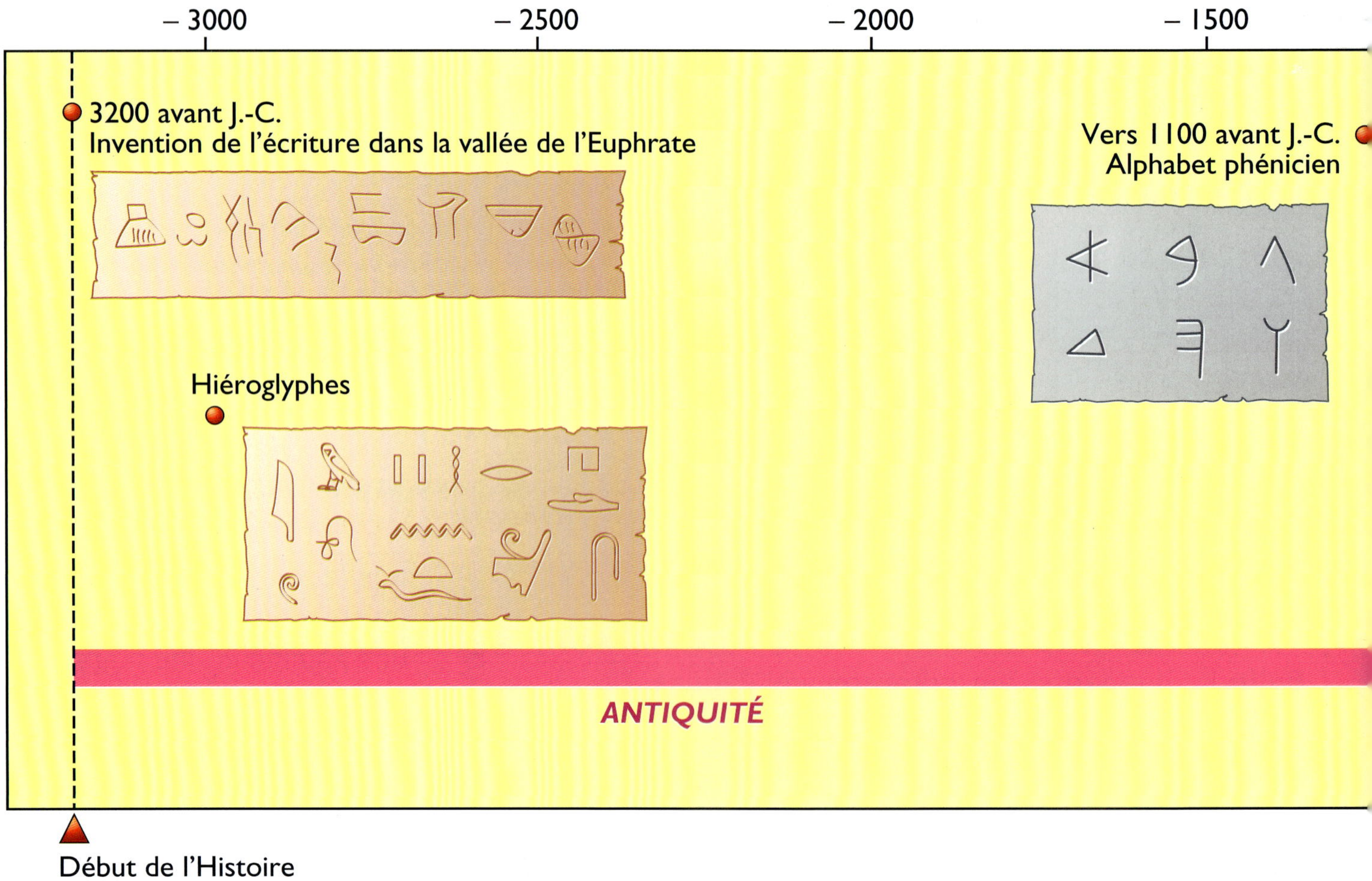

DE L'ANTIQUITÉ

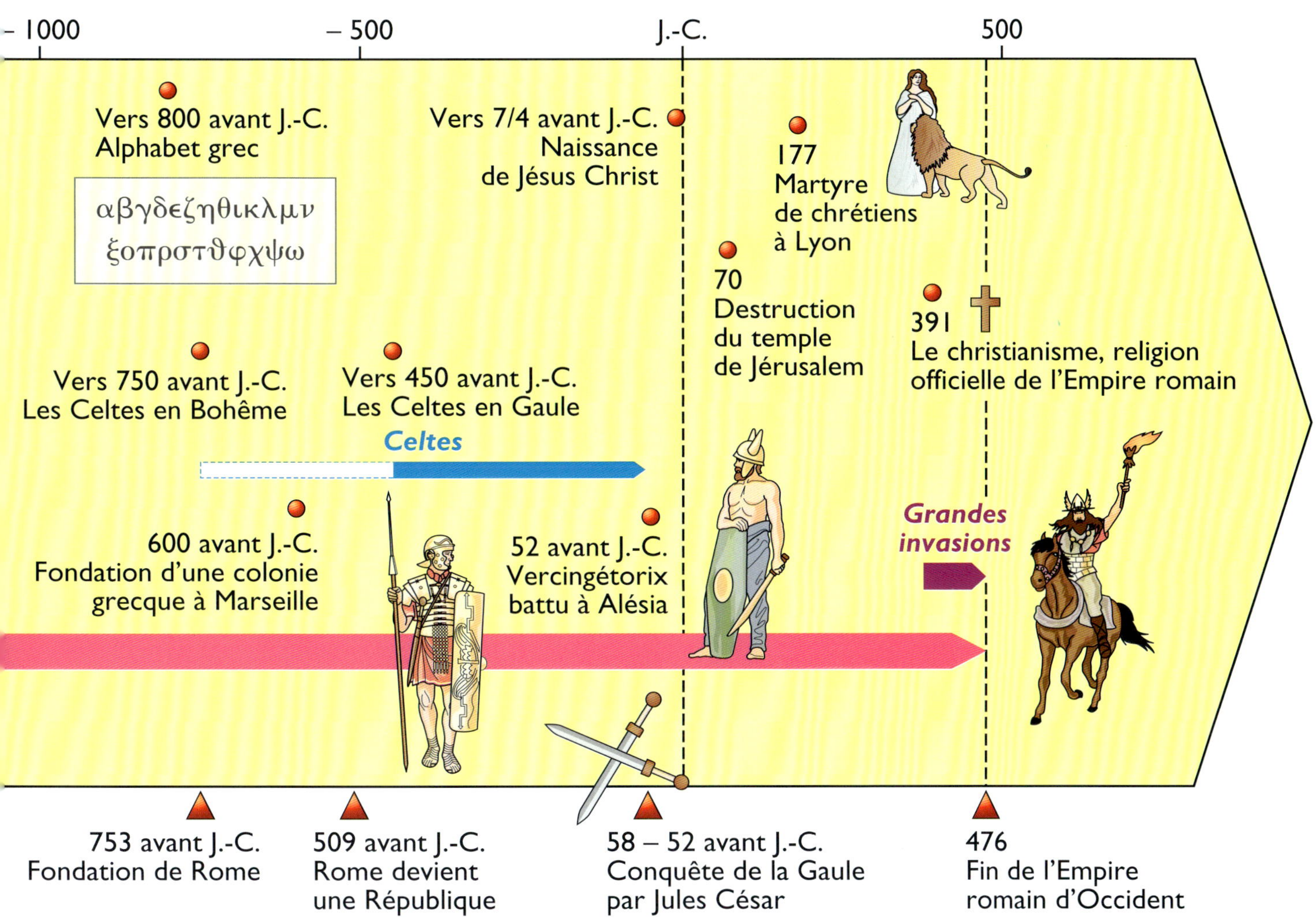

Petit dictionnaire de l'Antiquité

A

Alphabet : signes qui permettent de représenter tous les sons d'une langue. Le mot *alphabet* vient des deux premières lettres de l'alphabet grec : *alpha* (A) et *bêta* (B).

Amphithéâtre : lieu où étaient organisés des jeux parfois sanglants.

Aqueduc : canal en maçonnerie, parfois couvert, apportant l'eau en ville.

Archéologue : savant qui cherche des traces du passé dans le sol (outils, ustensiles, bijoux, traces de villes et de villages…).

Assiéger : entourer une ville avec une armée jusqu'à ce que ses habitants se rendent.

B

Barbare : à l'origine, ceux qui ne parlent pas grec. Pour les Romains, les Barbares sont des peuples non civilisés qui vivent à l'extérieur de l'Empire et qui le menacent.

C

Celte : mot d'origine grecque, synonyme de « Gaulois ».

Chrétiens : disciples du Christ.

Cité : dans l'Antiquité, petit État indépendant comprenant une ville et la campagne environnante.

Crucifier : attacher une personne sur une croix jusqu'à ce qu'elle meure.

D

Défricher : couper les arbres et les broussailles afin de pouvoir cultiver la terre.

Druide : nom donné chez les Gaulois aux prêtres, aux chefs religieux.

E

Église : le mot signifie à l'origine « assemblée des chrétiens ». Aujourd'hui, il désigne, écrit avec une majuscule, l'« ensemble des chrétiens » et, avec une minuscule, le bâtiment où se réunissent les chrétiens pour prier.

Empire : vaste ensemble de territoires dominé par une cité ou un pays.

Évangiles : textes écrits par Matthieu, Marc, Luc, et Jean, racontant la vie et l'enseignement de Jésus.

H

Hiéroglyphe : nom donné par les Grecs à l'écriture des Égyptiens. Il signifie « écriture sacrée ».

L

Légion : armée romaine.